高效成交

轻松突破销售瓶颈

阿 潘 著

中国铁道出版社有限公司
CHINA RAILWAY PUBLISHING HOUSE CO., LTD.

图书在版编目(CIP)数据

高效成交 ：轻松突破销售瓶颈 / 阿潘著. – 北京 ：
中国铁道出版社有限公司，2024. 11. – ISBN 978-7-113-
31555-9

Ⅰ. F713.3

中国国家版本馆 CIP 数据核字第 2024UE6029 号

书　　名：**高效成交——轻松突破销售瓶颈**
　　　　　GAOXIAO CHENGJIAO：QINGSONG TUPO XIAOSHOU PINGJING

作　　者：阿　潘

责任编辑：荆然子　　　　**编辑部电话**：(010)51873005
封面设计：宿　萌
责任校对：苗　丹
责任印制：赵星辰

出版发行：中国铁道出版社有限公司(100054,北京市西城区右安门西街 8 号)
网　　址：http://www.tdpress.com
印　　刷：北京联兴盛业印刷股份有限公司
版　　次：2024 年 11 月第 1 版　2024 年 11 月第 1 次印刷
开　　本：710 mm×1 000 mm 1/16　**印张**：12.5　**字数**：177 千
书　　号：ISBN 978-7-113-31555-9
定　　价：59.80 元

　　我与阿潘认识多年,她不仅懂得销售,有一个有趣的灵魂,还是一个顶级的美学方面的设计师,更是一个极具责任感的人。特别荣幸能够受邀为她的新书写序。

　　在这样一个以销售结果为导向的时代,消费者是否真心认同销售者的产品或服务,以成交为标准,成交就是认同,认同就要成交。

　　在销售中,情商的重要性日益凸显。销售者不只需要推销产品,还需要与客户建立深厚的情感联系,用最有效的方式传达信息,理解并满足客户的需求。这就是本书的核心思想。

　　本书的每一章节都围绕一个核心主题,从剖析沟通中的常见误区开始,逐步深入无效沟通的根源,进而解锁肢体语言的奥秘,教授读者如何通过巧妙提问精准捕捉客户的真实需求。随后,书中还详尽阐述了能够显著提升销售业绩的成交策略与技巧。这些内容覆盖了销售的各个领域,通过深入浅出的方式,帮助读者理解并掌握销售中的关键技巧和策略。

"成交误区:为什么你的'好意'总是被客户忽略"提醒销售者,沟通是销售中的重要环节,但很容易陷入误区。欲望、本能、内在动机和外在因素等都会影响客户的购买决策。禁果效应告诉我们,有时候越不想卖,客户越想买。因此,我们需要了解这些影响购买行为的因素,并学会巧用人性,轻松成交。

"沟通技巧:怎么说客户才会听,怎么听客户才肯说"探讨了销售者和客户聊天抓不住重点的原因。理解客户的相关心理,销售者可以更好地与客户建立联系,有效传达信息。同时,定制属于你自己的沟通方式,将产品说到客户心里去,也是不能忽视的。

"肢体语言:映现客户心理潜台词"让读者了解如何通过解读客户的肢体语言来读懂客户内心的潜台词。透过眼睛、眉毛、嘴唇等身体部位的变化,销售者可以洞察客户内心的变化。同时,利用镜像动作这一技巧,销售者可以让客户对其产生好感。

"利用提问:确认客户的真实需求"告诉销售者如何正确提问,让真实需求浮出水面。通过学习成交高手必备的提问策略、选项式提问、迂回提问等技巧,销售者可以更好地了解客户的需求,引导他们的购买行为。

"业绩倍增:揭秘70%转化率的成交秘诀"则介绍了在哪些时刻客户最容易买单、如何巧用动力窗原理加速客户做决定、如何使用限制策略唤起客户的购买欲望等技巧。这些技巧将帮助销售者提高销售业绩,高原之上再攀高峰。

这是一本非常实用的销售指南,它不仅提供了丰富的理论知识和实践技巧,还通过生动有趣的案例和故事,帮助读者更好地理解和掌握销售中的关键要素。无论你是新手还是经验丰富的高手,这本书都将为你提供有价值的见解和建议。

每一个产品的塑造都是为了改变世界的一部分,让世界更美好,只有销售出去足够多的产品,才能够让足够多人受我们更好的影响,从而让每个人的世界都变得更美好,希望你不只拥有好产品,而且还能让好产品送到千家万户,成为行业的佼佼者！

　　每件产品的诞生,都怀揣着改变世界一隅、使之更加美好的愿景。让这些优质产品广泛流通,惠及更多的人群,是每个销售者的心愿。愿读到这本书的你不仅拥有匠心独运的卓越产品,更能凭借智慧与努力,让这些产品遍布千家万户,引领行业潮流,成为业界璀璨的明星！

子　安

2024 年 5 月

目录

第三章　肢体语言：映现客户心理潜台词

第四章　利用提问：确认客户的真实需求

第五章　业绩倍增：揭秘 70％ 转化率的成交秘诀

后 记

第一章

成交误区：为什么你的『好意』总是被客户忽略

从销售实践中我总结出来四个影响成交的卡点，分别是：不敢张嘴、不会说话、不懂人心、不会报价。这产生了非常多的具体问题，比如，销售节奏把控不到位、抓不住客户痛点、产品价值不突出、客户对销售人员的信任感不足，以及销售人员没有对客户因人而异。这些问题都会影响成交结果。

同样的沟通语言、类似的场景，有的客户痛快成交，而有的客户却无动于衷。到底是什么原因造成了沟通方式时而有效、时而无效呢？

这个问题就好比一道复杂的数学题，无论多难，只要掌握解题思路、套用数学公式，就可以推导出来。如果没有掌握解题思路，只背题目的答案，换一个题干，能不能做正确可不就是靠运气了吗？如果说数学公式是答对所有应用题的逻辑，那么什么是沟通成交的底层逻辑？本书将告诉你答案。

01　成交的底层逻辑

想要解决沟通时而有效、时而无效的问题，还是要从根本抓起，如果只掌握沟通技巧，分辨不清楚在什么场合对客户说什么话，沟通技巧只能是美丽的装饰，起不到真正的作用。想要真正做到无痕成交、轻松成交就要从本质中挖掘。这里借用传统文化中的概念，体、用、相，来进一步阐述。

体，是事物的性质；用，是事物的作用；相，是事物的表现。体必须有用，而用由相体现。将其应用到销售中，可以这样来理解。

体：本质，客户最内在的特质。

用：需求，客户遇到的具体问题所呈现出来的状态。

相：形式，客户选择用什么方式去解决。

举个例子，你经常用的桌子，它的体是木头，它的用是给人们提供放置物品或工作学习的地方，它的相是四条腿上面放置一块木板。

上面的例子很简单，再换个有点复杂的产品案例。一个准妈妈，最内在的本质就是爱，爱她即将出生的孩子，对孩子有美好期望。因而需求会不少，比如每个妈妈都希望自己的孩子聪明伶俐。孩子的聪明伶俐就成了准妈妈的需求。需求出现了，解决需求的形式就有很多，准妈妈可以选择自己进补燕窝来一人吃两人补。我早些年创业时做过一个产品——即食燕窝。能帮孩子变聪明的唾液酸，就是即食燕窝的体；它的功能则是可以帮助胎儿大脑发育，让孩子变得

3

聪明伶俐,这就是即食燕窝的用;它的形式是即食燕窝,开盖即食、省时省力,帮助孕妇更便捷地打开饮用,这就是它的相。

所有的成功中都包含体、用、相。三者缺一不可,离开了任何一个,或者偏离了任何一个,可能就是不圆满的,可能就是有问题的。对销售实践的每一个案例都想明白其中的体、用、相是什么以及它们的相互作用关系是成交的必经之路。

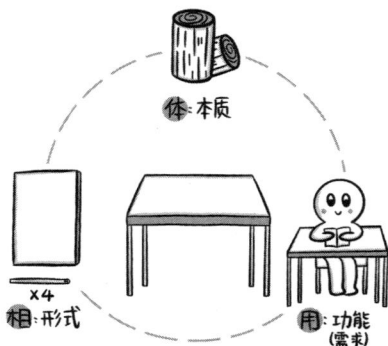

02 欲望会左右客户的购买决策

人心不安是世界上最大的商机。"人心不安"中的不安，在商业世界中是指恐惧不被安抚，需求不被看见，愿望不被实现，欲望不被满足……

当人们感到不安的时候，商机就来了。人们可能会担心各种事情，比如金钱问题、健康问题，或者其他各种各样的困扰。这些不安情绪会促使他们去找解决方案，这就是商机出现的地方。

有些人会想出新点子，创办新公司，或者提供新产品，来帮助人们摆脱不安。也就是说，不安情绪可以激发创新和创业的机会。很多行业都是因为人心不安而产生。例如，有些人可能会需要情感上的支持，也就是心理健康服务。这也是一种商机，在心理健康领域提供支持，帮助人们应对不安。

这份不安也可以说是欲望。欲望很大程度影响客户的购买行为。

世界著名的潜能开发教练安东尼·罗宾认为：实现成功的关键有两个：一个是动机，一个是技巧。动机占成功的 80%，而技巧只占了 20%，但是大部分人都走错了方向。下面这个故事就说明了这个道理。

一座山的半山腰有一堆苹果和一棵苹果树，过一会儿就会过来一只猴子抱着两个苹果离开，不一会儿小猴子又来拿两个苹果离开。有个登山的人看到以后觉得很奇怪，于是他忍不住问小猴子：你为什么一直在来来回回拿苹果呢？为什么不把旁边的树带回去呢？小猴子看了登山者一眼，不屑地说：你是笨蛋，

5

树怎么能吃呢？于是再次带着两个苹果扬长而去。

猴子的想法没错，苹果是立刻能得到的美味。但如果想要源源不断的苹果的话，你会去选择苹果树，还是选择那些成熟的苹果呢？我猜你一定会选苹果树。因为苹果是果实，而苹果树是能够带来无数果实的源头。小猴子拿苹果是本性，而种苹果树则是理解了植物的生长原理后的更智慧的做法。

市面上大多数的成交课，只给沟通技巧模板，却不说方法和底层逻辑。就好比一直在储存苹果的小猴子，等到需要的时候，却发现苹果已经变质不能吃了。同样，只学沟通技巧模板的坏处也就在于，如果客户没有按照沟通技巧模板那样回应，那么学习者就会无所适从，不知道如何应对，这样的案例在生活中比比皆是。

到底该如何避免这样的问题，让我先带你回忆两个生活中经常会碰到的场景：

场景 1：

为什么"双 11"打折促销的时候，你总是会忍不住买买买？是不是怕错过了这波优惠而后悔？这是因为你有要避免错过优惠的纠结的欲望。

场景 2：

看到主播在直播间里将某款面膜夸得独一无二，好像拥有了这款面膜，你就可以像明星一样拥有绝世好皮肤，你是不是很期待？是不是很想赶紧下单？这是因为你有想要变美的欲望。

这正说明，所有的购买行为背后都有一种想要欲望被满足的心理。

欲望是人类的本能之一，也是消费行为的根本驱动力。人们渴望社交、地位、权利等，此外，还有改善环境的欲望，这种欲望驱使着人们去改变自己的生活和工作环境，也因此产生了各种购买行为，来满足自己的欲望。而欲望与它带来的结果之间的关系为：需求→欲望→满足欲望的行动。

1. 为什么"我"的朋友圈从来没人点赞

"为什么别人群发就成交？我一群发就被拉黑？"

"为什么我的朋友圈无人问津？"

"为什么涉及产品的朋友圈从来都没有人点赞？"

很多人好奇，也尝试各种方法解决，都如同隔靴搔痒，最根本的问题可能只有两个：你并不知道自己在对谁说话以及你说的话对方并不在意。

这两点都很让你丧失信心，不过没关系。这本书会告诉你：人们想要什么、人们对自己的需要有何感受和人们为何要那样做。一旦你了解了这些，你就能够知道：如何更好满足客户的需要和如何影响更多的人购买等。

2. 客户到底想要什么

客户想要的多种多样，但是有一些问题是人没有办法回避的，比如以下的四个问题：

（1）你能在极度饥饿的时候忍住不吃任何东西吗？答案是不能。

（2）你能压制住自己求生的本能吗？如果你掉进了老虎洞里，你能放弃逃命吗？答案也是不能。

（3）你能轻松扑灭自己追求生理舒适的欲望吗？夏天室内已经有 35 摄氏度了，结果你不仅不开空调，还在家里打开了电褥子，盖上棉被让自己热上加热，你会吗？你不会，你会在家开着空调吃雪糕，或啃着西瓜看电视，对不对？

（4）当你的孩子独自放学回家时，你能不担心他在路上遇到危险吗？自然不会，你一定会在孩子放学之前就冲到学校门口等着孩子下课。

你不需要深思就能够回答这些问题，因为这些答案已经刻在了人类的本能与基因中，这些是内在动机，同时也是欲望，而这些原始的欲望组成了人的本能。它们也就成了消费驱动力。

3. 本能才是客户消费行为的根本驱动力

想要快速成交，需要先了解人类大脑的结构及进化史。

人类拥有情绪脑、本能脑和理智脑。情绪脑和本能脑统管着人的感情和本能反应，这两部分也叫原始脑。

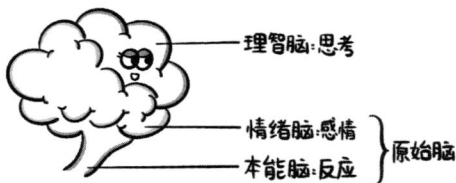

在 100 万年前的大草原上，人类的祖先正在树下采集果子，突然听到远处传来了动物的吼叫声，人类祖先的第一反应是迅速逃跑，这就是本能脑带来的求生本能。

在现代社会，当人类面对未知的危险时，第一反应也是远离危险，这是求生的本能。而理智脑则是慢慢进化而来的，这也是人类和动物最大的区别。

理智脑虽然先进，但是相对于本能脑和情绪脑，它的力量更为弱小。人在生活中做的很多决策往往源于本能和情绪，而非理性。这也能够解释为什么有的人在与他人发生冲突过后觉得自己在当时没有处理好矛盾，原因在于当时情绪在主宰大脑，理智无法正常发挥作用。

如果把人的大脑比作冰山，理性大脑和显意识就是冰山上浮出来的部分，对应着人类的需求就是喜欢、需要。在人们的生活中，很多时候会因为喜欢一件东西而购买它，也会因为需要而产生购买行为。

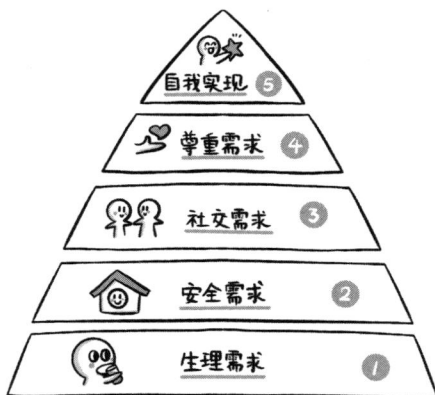

马斯洛需求层次理论认为，人的需求有生理需求、安全需求、社交需求、尊重需求、自我实现需求五个等级。马斯洛的需求理论会让你发现，人的五种基本需求在大多数人身上往往是无意识的。对于个体来说，无意识的动机比有意识的动机更重要。有丰富经验的人能通过适当的技巧，把无意识的需要转变为有意识的需要，一定程度上利用了人类行为和心理活动的共同规律。从马斯洛理论我们可以看出问题的关键：客户都是为了满足自己的某种需求才购买商品的。接下来我会详细阐述，影响客户购买行为的内在动机。

03 影响客户购买行为的八个内在动机

《斯塔奇广告读者群报告》中提出,人们最关心的是他们自己。人对两件事情更感兴趣:跟我有关的和我喜欢的。人的本性就是逃离痛苦,追求快乐。如果可以用好这种心态,无论做哪个行业,无论做什么,都可能快速成功。

需求,"求"的都是哪些呢?求实、求廉、求美、求利、求新、求稳、求名、求安全。你仔细回忆一下,过往产生的消费行为是不是都跟以上八个词挂钩?

很多研究消费的学者都想知道人们真正想要的是什么。他们对这个课题研究多年,认为人类共有八种内在行为动机。

- 活下来——生存、享受生活、延长寿命。
- 躲痛苦——免于恐惧、痛苦和危险。
- 吃得好——享受食物和饮料。
- 更舒适——追求舒适的生活条件。
- 有个家——寻求伴侣,组建家庭。
- 比他好——与人比较。
- 照顾你——照顾和保护自己所爱的人。
- 被认同——获得社会肯定和认同。

如果你可以把自己的产品与这八种动机的其中一个挂钩,那你的产品就不愁卖。接下来举几个例子,看看在生活中,那些卖得好的产品是否遵从了以上的八个行为动机。

1. 活下来——生存、享受生活、延长寿命

为了充饥而购买食物、为了治病而购买药品或服务、为了御寒而购买衣物等购买基本生存物料的行为。

2. 躲痛苦——免于恐惧、痛苦和危险

事实上，目前市面上的不少产品在宣传时，都或多或少与这一点挂钩。例如，给孩子报特长班是为了避免孩子因为没有特长而被社会淘汰的危险，又例如购买减肥产品是为了消除肥胖给自己带来的痛苦。

3. 吃得好——享受食物和饮料

市面上的食物和饮料都在用尽一切方法告诉你，它们有多美味、它们能给你带来多少味觉上的享受。

4. 更舒适——追求舒适的生活条件

可以帮助你减轻必要劳动，或者是提高使用感的产品都有这个动机，例如扫地机器人、使用感突出的某品牌吹风机、花钱就能节省自己时间和体力的家政服务和改善型住宅等。

5. 有个家——寻求伴侣，组建家庭

你在市面上见到的绝大多数和异性相关的产品都与这个动机挂钩。例如你经常会在网页端看到的相亲平台广告，或者是提升聊天技巧的课程，或者是红娘服务都是利用人的这一动机。

11

6. 比他好——与人比较

如果你的产品想要和这个动机挂钩,就要满足另外一个条件,那就是大众认可的。例如,名表、名包等奢侈品是符合了一些人对于身份的定位。如果太小众,或者标准不是大众认可的,就无法比较。

7. 照顾你——照顾和保护自己所爱的人

市场有两大类产品与这个动机相关,一个是母婴产品,一个是宠物产品。我在上课时经常和学员举例,从我的调查结果看,购买力强的是女人。

8. 被认同——获得社会肯定和认同

曾经有一款风靡一时的奶粉,宣传时的广告语就是:"×× 奶粉,3000 万挑剔妈妈的选择。"再例如广告语:"×××都爱去的一家店"其实都是用产品获得社会认同的一种手段。

👥 小测验

在了解了八个内在动机后,请在下方空白处举出一个因为"躲痛苦"而产生的购买行为。

_____

_____

---

04 你越不想卖，客户越想买

心理学家总结出许多人类的本能反应，例如禁果效应。禁果效应与逆反心理和好奇心理密切相关。对未知和神秘事物产生强烈的好奇心，同时也希望挣脱束缚，追求自由是人类的天性。越是禁止的事物，人们就越想要去尝试。正如心理分析专家弗洛伊德所说："大脑让我们只能从反差中获得强烈快感，而从事情本身获得的乐趣却很少。"这说明，吸引客户的可能并不是商品本身，而是获得商品的过程和动机。

心理学家普拉图诺夫做过一个著名的实验，他在出版的《趣味心理学》一书的前言和结尾处注"请不要阅读第八章第五节的故事"。后统计发现，大多数读者采取了与其告诫相反的行为，直接去看第八章第五节的内容。这就是心理学家利用逆反心理而设置的小游戏。

在消费场景中，商家经常利用这两种心理来制定更有效的营销策略。

逆反心理。当某个商品或服务受到限制或被禁止时，消费者可能会产生逆反心理，反而更想要去尝试。例如，限制购买数量、设置特定年龄购买门槛等策略，是商家通过设置一定的门槛或条件，让消费者产生挑战的欲望，从而增强购买意愿。

好奇心理。好奇心驱使人们对未知事物产生强烈的兴趣，商家经常利用消费者的好奇心理，设计富有神秘感的广告或活动。例如，提供神秘礼物和会员独享的优惠等策略，能吸引消费者去关注和购买相关商品或服务。同时，新奇独特的产品设计和包装也会激发消费者的好奇心,从而增加其购买欲望。

实战案例

　　我的学员小希之前一直处于销售平淡期,她面对潜在客户的询问时,常常因为无法打破僵局而苦恼。她发现客户对于她强调的产品并不感兴趣,而她自己也感到困惑和无力。这种局面让小希备受挫折,她感到无法满足客户需求,销售业绩一直停滞不前。她深陷于焦虑和自我怀疑之中。

　　在她向我寻求帮助后,我向小希分享了一种非常简单但极其有效的销售策略。我建议她在客户面前进行产品演示,但在客户表现出兴趣后,告诉他们:"这是我们的样机,如果您觉得可以的话,可以到库房再挑一台。"

　　小希后来和我分享,每次她这样回答,客户都会下意识反问:"样机怎么了? 不都是一样的机器吗?"

　　这时小希再跟客户解释:"机器是一样的,但样机是不出售的。"

　　绝大多数的客户听到这话都会产生逆反心理,从而付费购买。而小希则是表面为难,实则内心喜悦,在不用降价的情况下就能与客户达成交易,平均交易金额也大幅提升。

　　小希采用这个策略后,在展销会上的销售业绩直线上升,销售额增加了整整 30%。

　　在这个案例中可以看到,小希将仪器放在展台上,并告诉客户"这台仪器不出售",制造了禁果效应。在销售过程中,有些客户对于销售人员着重介绍的产品往往不是很感兴趣,而对于销售人员没有着重推荐的甚至是一些样品却非常感兴趣。这是因为销售人员和客户之间没有建立信任,同时也是禁果效应的结果。客户总会认为你越是不想卖的东西就越是好东西,进而越想得到。既然每个人都有这种心理,现在,你何不使用在自己的销售过程中呢?

05 客户喜欢的不是占便宜，而是"占便宜的感觉"

除了禁果效应，在销售过程中经常被忽略，却非常扎心的真相就是客户喜欢的是占便宜的感觉，而不是真的占便宜。

经常有学员问我："我们产品全国统一定价，但是客户总要求再便宜一些，我该怎么办呢？"客户是真的要求价格便宜吗？其实不然。当你了解到客户想要的是占便宜的感觉，而非真的占便宜时，自然就知道该如何满足客户了。

两种方法可以增加客户占便宜的感觉。第一种是提供实在的实惠，比如在成交后送礼物，或者是允诺下次购买时有好处，来增加客户的收获感；第二种则是附加价值驱动，比如赠送咨询服务，或者是延长服务期限等。下面会详细拆解这两种方法的原理。

1. 提供实在的实惠

星巴克在营销策略上展现了对消费者心理的深刻洞察。当准备结账时，店员会巧妙地提及："办理我们的会员卡有惊喜优惠，您眼前的这杯咖啡可以立即享受免费待遇！"一听到"免费"这个词，你或许会不假思索地选择办理会员卡。这张卡隐藏着诸多令人心动的优惠福利。例如，"买一赠一"券，或是"第二杯半价"券，都在暗示你：下次与友人相聚，别忘了来这里，既经济又体面。

星巴克的高明之处，便在于他们先以一次小小的优惠为诱饵，吸引你踏入他们的消费圈。随后，通过不断提供优惠和福利，让你逐渐养成在这里消费的习惯。这种策略让星巴克在无形中提高了客户的忠诚度和回头率。

所以,从星巴克的成功经验中,我们可以学到:在经营过程中,巧妙地利用消费者的心理,以一次小小的优惠为起点,逐步引导消费者成为自己的忠实客户,这样才能在激烈的商业竞争中立于不败之地。

2. 附加价值驱动

如果说优惠促销是促使客户购买的一级动力,那么额外的奖品、赠品、附加值就是促使客户购买的二级动力。这些方法在实践中经常被商家使用,并且十分有效。

比如有些品牌在促销时,除了打折,还会设置抽奖游戏。一等奖的奖品是冰箱,二等奖是微波炉。这些奖品特别实用,单价又高,很容易吸引客户的兴趣。他们会想:"反正迟早都要买,不如现在买,万一中奖了呢?"这种心理就是客户想"占便宜"的另一种体现。

不妨再做一个有趣的实验——假设你在一家餐厅吃饭,商家给了你两种优惠选择:

第一种是消费满 200 元直接打八折;

第二种是消费满 200 元,额外送 40 元,满减券当场就能用。

你觉得哪种更划算?大部分人可能觉得第二种更划算,因为花费 200 元还"赚"了 40 元。但仔细思考一下发现,第二种方式的优惠力度是小于八折的。第一种方式才更划算!

类似的事例还有,有些商家把"五折"优惠改成了"买一送一"。这种打折方式特别适合用于那些消耗快、需要囤货的产品,比如洗衣液、卫生纸等。这种"买一送一"的优惠方式更容易激起消费者对类似产品的购买欲。

去商场购物时,经常会看到"满 500 元减 100 元"或者"买 200 元送 200 元优惠券"。类似的优惠方式很容易激起顾客想占便宜的心理,不自觉地想多买点东西以凑满金额,获得满减满赠优惠。

06 影响购买行为的六个外在因素

在前面探讨影响人们购买行为的内在原因，即脑部结构和心理特征之后，接下来将更全面地剖析哪些外在因素会对客户的购买行为产生影响。

1. 稳定因素

稳定因素主要是指个人部分不易改变的特征，比如年龄、性别、收入、职业、家庭等。稳定因素不仅能影响决策，还能影响决策的速度。购买行为也部分地取决于稳定因素，因而越来越多的商家和平台已经不追求覆盖所有的客户了，反而精准聚焦特定群体。

在实践中，很多聪明的商家都选择利用稳定因素来推导出客户的喜好，从而实现"精准打击"，也叫作"人群垂直，细分定位"，即不赚所有人的钱，只赚一部分人的钱。

2. 产品/服务因素

产品的外观、质量、价格、包装等要素会影响客户的购买意愿。两个价格相同的产品，A产品的包装体积看起来更大，只这一个点，就足以让客户的消费天平倾向于它。如果A产品相比其他同类产品体积又大、包装又美观，价格相同的情况下，具有极大的竞争力。有形产品商家一般会进行较为专业的产品设计，运用人因工程学、心理学等多方面的知识进行产品外观和属性功能设计，以达到吸引消费者的目的。

而对于无形的产品或服务,可以尽可能提升客户与产品的交互性,让客户能身临其境地体验到产品或服务,增加客户的参与感,提升购买意愿。比如,越来越多的线下课程会在课堂中设计学员创作互动的环节,因为客户本身的体验和感受也是可以去设计交付的服务之一。

3. 产品知识的累积因素

你一定有过这样的经历:当你想购买某种类型的产品又不知道具体选择哪一款时,第一个习惯就是打开小红书或者抖音等社交软件来寻找真实评价。这其实就是在吸收相关产品的知识。这些平台的信息会让你对不少产品"种草"。"种草"行为其实就是在反向输出产品知识,直白的广告对于人们来说,已经很难产生刺激感了。在进行消费决策时,消费者会利用自身的知识储备来评估产品是否值得购买,不断寻找符合自身预期的产品。而这种新兴"种草"平台更容易引起人们的兴趣去一探究竟。当潜在客户拥有较丰富的产品知识时,便更能分辨产品的优劣以及对自己需求的满足程度,从而做出符合自己需求的消费决策。

4. 经济因素

时下抖音流行的并不是如何"高大上"消费,而是如何用最少的钱,买最需要的东西。这就是经济因素影响人们购买行为的最直接证明。由于客户收入是有差异的,又是不断变化的,它必然会影响客户的消费数量、质量、结构及消费方式。例如,现在很多的护肤品已经不单宣传自己的产品成分好了,更要突出性价比,这就是考虑到经济元素了。

5. 文化因素

文化因素包括民族传统、风俗习惯、教育背景与价值观念等。例如,现在风靡的漫画、小众文化和 IP 也是文化因素的一部分。

再例如,同样一门教人如何销售的课,一个是默默无闻的普通人,一个是商学院的教授,同样的 99 元,你更愿意付给谁?我相信绝大多数的人都会选择后者。因为商学院的教授会让人觉这门课更有含金量。

6. 社会因素

消费者行为要受社会因素的影响，比如消费者所处的群体、家庭、社会角色与地位等。参考群体作为直接或间接的参照物来影响人的态度或行为。人们常受参考群体的影响，即使他们本身可能不在参考群体中。

企业的产品与品牌在很大程度上受群体影响，每个领域都有关键意见领袖。尽可能找出产品所在领域的关键意见领袖，以便制定出正确的营销策略。

07 掌握人性密码，才能轻松成交

诺贝尔经济学奖得主理查德·塞勒是一位不走寻常路的经济学家，他是一个颇为有趣的人。塞勒在凭借研究人类为何会不理性花费的行为经济学获得诺贝尔奖之后，一本正经地表示，他将尝试用非常不理性的方式把这笔价值700多万元人民币的奖金花掉。

塞勒作为行为经济学家，他非常擅长洞察人们的不理性经济行为。正如诺贝尔奖声明所言：塞勒为经济学和个体决策的心理学依据建立了桥梁，并且研究心理偏差导致的市场行为。换句话就是，塞勒洞察人性弱点，并基于此探究获利的方法。

塞勒表示他在生活中发现的一些经济规律，总结成一个词就是"nudge（助推）"。什么是助推呢？就是不用强制手段，不硬性规定，却让你感觉拥有"最大利益"和"自由选择权"。这股轻轻推动你做出选择的力量，就是"助推"。

塞勒认为，人在做决定的时候，并不是一个具备完全理性的人，而是一个容易受到外界影响的非理性的人。在商业世界中，经常有商家借助这一规律，通过一系列的暗示，来"助推"你做决定。

比如，餐厅老板如果想让一道菜成为最畅销的菜，就会把它设置成第二贵的菜，即使它并不便宜，但有第一贵的菜的衬托，顾客更容易接受。

顺应人性谈客户，逆着人性修自己。从来没有成交小白，只要顺应了成交中的人性需求，小白也能秒变成交高手。只讲你的产品卖点，成交的概率不高。只有掌握人性密码，才能轻松与客户成交。我自创的"奥迪成交法"，一套成交公式，已经帮助了成千上万的学员轻松突破，收获订单。

成交高手绝对不外传的秘诀："1＋1＋4"。

(1)挑起客户的好奇心。当你挑起客户的好奇心，客户的大脑就会开始不由自主地运转，想要知道答案。

(2)为客户明确下一步。成交不靠求，靠给客户一个明确的下一步。

(3)高手在和客户达成共识之前，从不提产品，而是让客户主动找自己咨询，用4步拉平与客户的价值观。4步即我自创的"奥迪成交法"，让客户交钱又交心。从成交率0到成交率70%就是如此简单。"奥迪成交法"后文有介绍，在此不赘述。

| ❶招 | ❶个 | ❹步 |
| 挑起客户好奇心 | 明确的下一步 | 拉平与客户的价值观 |

把以上的人性特点巧妙融在你的成交环节中，成交就是水到渠成。除了前面提到的内容以外，还有一些非常有趣的人性特点，例如：人的本性并不是怀疑，而是相信；人们更愿意听从指挥，而不是自由发挥；人们更喜欢和自己价值观一样的人。诸如此类，可以在实践中多观察和研究。

要点回顾

1. 世界上有两件难事:把自己的思想装进别人的脑袋和把别人的钱装进自己的口袋。四个成交卡点分别是:不敢张嘴,不会说话,不懂人心,不会报价。

2. 所有的成功中都包含体、用、相,三者缺一不可,离开了任何一个,或者偏离了任何一个,都是有问题的。

3. 大多数人只对两件事情感兴趣:跟我有关的和我喜欢的。还有一句话叫作:人的本性就是逃离痛苦,追求快乐。如果可以运用好这两句话,会更容易成功。

4. 情绪主宰大脑时,理智是无法正常运转的。

5. 客户喜欢的不是占便宜,而是占便宜的感觉。

6. 顺着人性谈客户,逆着人性修自己。成交高手不外传的秘诀——"1＋1＋4"。

第二章

沟通技巧：怎么说客户才会听，
怎么听客户才肯说

很多销售人员存在和客户聊天总是抓不住重点这个问题,特别是刚刚入行的销售新人,老是觉得跟客户聊不到点儿上。这是因为没看清客户需要什么,也没搞懂自己对于客户而言能提供的价值是什么。

孙姐就是这种情况。她说:"平时跟朋友在一起其实挺能聊的,但是一见客户我就不敢聊了,主要是因为我总是担心自己说错话,害怕得罪客户,把客户给弄丢了。有时候壮着胆子和客户聊几句,却发现总也聊不到点儿上,最后只能尴尬收场。"如果你也是这种情况,不必担心,在接下来的一整个章节,将通过几个技巧,来帮助你成为聊天高手,成交又交心。

01 用好赞美，成交翻倍

人大都喜欢被赞美，有人说"人类本性中最深刻的渴求就是受到赞美"，也有人说"人人都喜欢赞美的话"。马克·吐温更是说过："靠一句美好的赞扬我能活上两个月。"这足以说明赞美对一个人来说是多么重要。

既然赞美如此有效，那具体该如何做呢？接下来我会从三个维度来讲解。赞美也是一把双刃剑，用好了可以让客户喜欢你从而愿意让你获利，如果用得不好，就会适得其反，失去客户。

关于赞美的两个大坑你可一定不要踩：公式化的套词和过度赞美。

很多新手很容易犯公式化的套词这种忌讳。自己相对缺乏社交经验，见面就是"久仰大名、如雷贯耳、百闻不如一见、生意兴隆"等没有新意的套词，如果对方是有一定社会地位的人，那么这种套词不仅听你说过，也听很多人说过，很容易让对方觉得你缺乏诚意，完全是应付了事，没有与他交心。

过度赞美也是如此。在赞美对方的时候，要注意不要太假，如果赞美得太假，会引起别人的反感，甚至会让人觉得在讽刺自己。

再给你讲一个真实发生的案例：

实战案例

小王平时能说会道。有一次朋友推荐了一位女客户来小王这里购买保健品。客户是中年女性，小王一心只想说好话，立刻滔滔不绝、

25

眉飞色舞地夸她多么年轻、多么漂亮。这位女客户听的是心花怒放。可小王不懂得见好就收,又说:"像您这么有气质又知性的女人,老公一定很了不起吧,一定是成功人士!"这位女客户立刻收住了笑容,没有回答。小王没有注意到她表情的变化,继续说:"您这身材简直太完美了! 跟没有生过小孩似的!"他正要请教这位女士的保养秘方,顺便对症下药推销自己的产品,这位女客户却忽然开口冷冷地说:"我还没有男朋友。"

小王的经历给了我们启发。即使在有些场合,需要用夸赞赢得别人的好感,也要认真用心去观察,恰到好处地去称赞,而不是盲目夸赞,眉飞色舞,不顾及别人的感受,这样反而会适得其反,甚至会弄巧成拙。

那如何做才是有效赞美呢? 如果谈论时对方突然双眼放光,语调提高,双手不自觉地比画,难掩兴奋,那就说明对方对这类话题非常感兴趣,渴望与你分享这喜悦的心情。这时你接过话茬儿去赞美他最为稳妥,不过分夸张也不显得敷衍,令你想赞美的对象感到舒心。这才是赞美的至高境界。

1. 提高赞美效能

告诉你三个绝招,让你一句话就能让客户接受你的赞美。这三个绝招分别是:借他人口、讲具体事、分不同人。

(1)借他人口

这是指在赞美时,借用别人的话或态度,让赞美更具说服力和影响力。因为当他人对被赞美者产生好感时，你的赞美也会更容易被接受。

让我通过某推销高手的案例来帮助你理解这一招到底是如何在实战中应用的。

实战案例

一次某销售高手去拜访某小镇上一个大型超市的老板。

"先生，您好，很冒昧打扰到您。"

"你是哪位？"

"我是保险公司的销售人员，初到贵地，有几件事想请教您这位远近闻名的'超人'老板。"

"什么？'超人'老板？"

"是的，您没听错，我多方走访调查，大家都一致认为这些问题向您请教是再合适不过的！"

"哦！大家都是这样评价我的吗？那我真是愧不敢当了，说说吧，到底有什么问题需要我帮助呢？"

"实不相瞒，是关于……"

"这样站着谈多不方便呀，还是进来吧，我们坐下来好好聊！"

上面这一段看似平平无奇的对话中，就包含了"借他人口"这一招，借助周围人的嘴赞扬他是远近闻名的"超人"老板。试想一下，如果有一个陌生人突然出现在你面前，对你说"你太厉害了，是个'超人'"，你内心的第一感觉是什么？应该是"这也太假了，一听就是敷衍的恭维"。而上面这个例子借他人之口，不仅给足了面子，而且表现得更加真实，让这个超市老板立马敞开大门欢迎该销售人员。

（2）讲具体事

这个技巧是指在赞美时，不要泛泛而谈，而是具体说出被赞美者的某个行为或成就,让赞美更有说服力。针对对方的具体行为或成就进行赞美,让对方感受到你的关注和认可。

例如你想夸赞对方的穿着,就要说对方的衣服哪里让你觉得出彩,是颜色、款式,还是质地等。例如看到一位女士穿着香奈儿套装,就可以这样夸奖:精致利落的剪裁凸显出干练的气质,配上恰当的妆容显得更加精干内敛,给人的感觉就是一位精致的都市白领。

因为对具体细节的描述可以让被赞美者更加清晰地感受到自己的优点和价值。比如,你可以这样夸奖某个人能力强:"我听说你最近完成了一个很重要的项目,我觉得你的统筹能力和行动力真的很强。"

(3)分不同人

这个技巧是指在赞美不同的人时,采用不同的赞美方式和词语,让赞美更加精准和有效。因为不同的人有不同的性格、偏好和需求,采用不同的赞美方式可以更好地引起他们的共鸣。比如,你可以针对不同的人分别赞美他们的领导能力、创造力或者专业能力,让赞美更有针对性和个性化。

以下是五个用"分不同人"的技巧来赞美客户的例子:

对于重视效率的客户:如果客户在乎时间和效率,可以赞扬客户在项目中做事效率高,让客户感受到自己的工作得到了认可。例如,"您的反应速度真是快,我很欣赏您的决策能力。"

对于注重品质的客户:如果客户对产品质量有较高的要求,可以赞扬客户的高标准,让客户感受到自己的需求得到了重视。例如,"您对产品品质的要求非常高,这也是我们一直追求的,我们一定会为您提供更高品质的产品。"

对于注重实际效果的客户:如果客户更关心实际效果,可以赞扬客户的聪明才智和明智决策,让客户感受到自己作出了正确决策。例如,"您的眼光真是独到,在您的指导下,我们的团队获得了很好的实际效果。"

对于重视人际关系的客户：如果客户注重人际关系，可以赞扬客户的合作精神和团队意识，让客户感受到自己在团队中的重要性。例如，"您的沟通能力真是一流，这对工作的助益是非常大的。"

对于注重创新的客户：如果客户注重创新和前瞻性，可以赞扬客户的开拓精神和敢于尝试的勇气，让客户感受到自己是未来的引领者。例如，"您的想法真是独具匠心，我们很高兴与您一起探索前沿领域。"

总之，通过分析不同客户的特点，根据客户的需求和关注点进行有针对性的赞美，能够让客户感到被重视和认可，从而增加客户的忠实度和满意度。

2. 在社群中赞美客户的四个绝招

没有人不喜欢被赞美，只有不会赞美的人，在现实生活当中，大家仅仅知道赞美的重要性，却不熟悉赞美的方法和技巧。赞美绝对不是专拣好听的话说，如何恰到好处地赞美是一门学问。

（1）公开夸奖

在赞美时，既可以用实际行动，也可以口头赞美，特别是在他人在场的情况下夸奖，可以使被赞美者更为高兴。

👥👥 小贴士

在群内与对方互动，并在互动中夸奖对方，是减少距离感、活跃群内气氛的有效方式。除了文字夸赞，还可以运用表情包让互动更加生动。

（2）放低姿态

有的人有喜欢指导别人的心理。以虚心求教的态度请教别人，就可以起到赞美他人的效果，恰到好处地使用这种方式，既成功赞美了别人，又能给别人留下谦逊、好学、积极进取的好印象。

小贴士

　　每个人所熟知的知识领域不同,在不了解群友背景的情况下,群友说出跟你观点不同的言论时,你要做的第一步是先肯定对方,然后再说自己的想法。千万不要直接否定对方,这样会引起对方的反感情绪。表达完自己的观点后,不妨在自己的观点后附上友善的表情。

（3）不露痕迹

　　虽然很多人都可能有喜欢被赞美的心理,但人们在受到称赞时也可能会羞涩,不好意思直接接受赞美,更不好意思赞赏别人。其实解决这个问题不难,关键是要说得巧妙,神情自然,恰到好处。

小贴士

　　在具体的沟通当中可以有不同形式的不露痕迹的赞美,例如你可以从对方的职业、籍贯、地域、民族、习俗、特产、气候等方面入手,总之要找到恰当的切入点。

（4）牢记名字

　　名字,是一个人自我意识的一部分,很多人都会对自己的名字敏感,因此对于那些喜欢并能记住自己名字的人,通常都会产生好感,在心理上会产生一种被重视的感觉。

小贴士

　　了解名字的重要性与价值之后,下一步就是要设法牢记群友的名字,你可以在每一次回答对方的问题等互动时,以亲切的方式称呼他。

3. 表达你的好感

　　人往往会在意别人眼中的自己是什么样子,因此当人们发现某个人喜欢自己，自己喜欢对方的概率也会增加，彼此之间的距离也拉近了。

（1）直接式

直接将你对对方的好感明确传达给对方，是最有效的方式，例如，你很棒，我很欣赏你。

> **小贴士**
>
> 使用这种方法，最好在群里当众表达，只会让被赞赏的人觉得自己优秀，而不会认为你对他有某种特殊的感情。

（2）暗示式

除了直抒胸臆的表达方式，还可以这样说：

- 我一向比较怕生，但是跟你说话，我觉得一点都不拘谨。
- 很开心和你在一个群里。

通过这样的话，把自己对对方的好感用含蓄的方式展现给对方，只要对方不是特别讨厌你，也会喜欢你的。

02 这样说话成交阻力少一半

1. 顺着说,销售的话不能"逆耳"

2019 年,我开始第一期《爆款成交技巧特训课》,有一个学生叫小 K,他推出了一门课程,专门教男生谈恋爱。

当时来咨询的时候,他跟我说:"阿潘教练,男生们很需要这样的课程,而且每个主动来咨询的人都有非常明确的痛点和需求,但是聊着聊着就没了下文,根本不知道问题出在了哪儿。"

通过小 K 的描述,我了解到,有非常多的客户,会向小 K 寻求帮助。小 K 每次接到这样的咨询,都会问几个常规的问题,例如是否有给刚认识的女生送花,或者是讨论到薪资问题时的回应,每每得到错误回答后,小 K 就开始了漫长的"教育"。小 K 的成单逻辑非常简单,那就是直接全盘否定客户。让客户觉得要想做对,就得购买小 K 的课程。

而这些在情感上遇到问题的潜在客户,绝大多数都在情感上并不擅长,自尊心相对较高,一开始还能耐着性子听小 K 的"教育",如果给的方法不适配,就会快速消失。

当小 K 和我描述完交流过程后,我就知道单子是怎么跑了的。

不要做居高临下教育型的销售。大多数人都是不喜欢被教育的,小时候被父母教育,上学被老师教育,上班被领导教育,如果在消费时还要被销售教育,那么消费的意愿将大大降低。

从心理学的角度而言，人们对于和自己的主张非常不一致的说法以及反对意见都非常敏感，从而引发情绪波动，还可能破坏心情，如果一个人的情绪变得糟糕，那后面的交流显然也不会愉快。反过来说，如果对方的意见和自己一致，人就会对彼此产生奇妙的认同感，或者说是同感。

接下来我教你三招，让你顺应客户的同时又能表达自己的观点。

（1）认同客户的观点

人们会把认同自己的人当作"自己人"。客户的观点不一定正确，但是想要让客户认同你，就得先认同他的观点。就像"礼尚往来"，客户这样才能放下戒备心，从而试图接受你的观点。

（2）理解客户的心情

某心理学家曾说："人终其一生的追求是被看见。"心理学家对此的洞察是每个人毕生追求的都是被看见，被看见的范围越大，越正式那么他受到的刺激也就越大，成就感也越强。

如何"看见"别人、"看见"客户？其中一个方法就是理解客户的心情，人们往往会对能够理解自己的人产生一种莫名的亲切感。所以应该尽量站在客户的角度理解客户的心情，走入客户的内心，从而获得客户的认同。

（3）感谢客户的建议

不能忽略客户的建议，因为这往往是其内心最真实的需求。有句老话说得好，"嫌货才是买货人"。因为想买，所以有期待，与此同时也产生了一种更高的标准,而现在的产品并不能达到期待中的标准,所以将期待的标准和客观的现实之间的差距作为改进方向向商家提出。

遇到喜欢给建议的客户,回应的第一句话可以是"您一定是非常在意我们,才会花时间给我们建议,帮助我们变得更好"。这样说的话,即使客户给出建议时并不开心,听到这句话后也会气消大半,甚至可能更加认可,从而对你的产品和品牌更加倾心。

以我自己的案例来说明,我自己在秋叶平台付费学习后,看到了他们某个训练营的招生流程有问题,就将问题和解决方法都整理成一个文件发给了秋叶平台的创始人秋叶大叔,而秋叶大叔的第一句反馈是:"太感谢了,我把你的意见反馈给工作组。"两天后,秋叶大叔又特意向我同步了反馈问题的处理进度。这就是非常完美的"顺着说"。经过这次事件,我彻底成为秋叶大叔的粉丝。只要是秋叶平台的产品我都愿意向朋友推荐。

推荐沟通技巧模板:

• 是的,我非常认同您的观点。

• 还有吗?我想听您深入地说一说。

• 确实如此,非常对。

• 如果是我,我也会这样想。

• 除了这个建议,您还有其他方面的建议吗?这对我们非常重要。

• 俗话说得好,嫌货才是买货人,太谢谢您给的宝贵意见了。我已经仔细记录下来,到时会在公司开会讨论,一定落实。有了结果,我第一时间向您汇报,您看如何?

2. 巧着说,借助从众心理完成目标

你是否也有这样的习惯,网上购物之前,挑好了某一个产品,第一步是去看看买家评论,看看那些已经买过的人怎么评价。如果全都是好评,这个产品又是自己需要的,肯定会毫不犹豫地下单。如果有一个差评,你就会犹豫,甚至重

新挑选商品。以上的场景就是从众心理的实际发生场景。

人们往往会被周围的环境和人所影响，特别是当他们不确定自己的决策是否正确时，会更容易跟随其他人的想法和行动。因为人们都没有勇气成为第一个吃螃蟹的人。如果你能够巧妙地运用这种从众心理，通过适当说服和引导，让客户认同你的想法或决策，就更容易达成目标。

以下是三种可以达到上述效果的方法：

（1）社会认同

利用人们想要与他人建立共同点和增强认同感的心理，通过强调目标受众与某个群体达成共识来建立认同感，从而达到说服的目的。例如广告语提到"产品荣获某协会品质认可""某高等学府的教授们都在用这套学习方法帮助孩子提分"，你听了以后是不是也想体验一下？

实操步骤：制作出你的产品能关联到的用户画像，在此基础上找到社会认同感最强的元素，并以此作为卖点进行宣传。可以参考的格式为：某某某（权威）都在使用的某某某（你的产品）。

（2）社会期望

利用人们想要符合社会期望和遵守社会规范的心理，通过强调大多数人的行为和想法，让目标受众相信自己的行为也应该符合这种规范，从而做出相应的决策。例如：好妈妈、好丈夫、好学生、好老师都喜欢等。

实操步骤：在曾经为你付费的用户中找到占比最多的社会身份，再从社会身份倒推出这类人的心理画像以及痛点场景。这样客户更容易角色代入，找到付费的理由。

（3）数据证据

利用人们相信权威机构和专家观点的心理，通过引用媒体报道、研究报告、专家观点等信息来支持自己的观点，从而增加说服的成功率。例如，"大多数人都喜欢某成交课"，听起来是一句不会让人留下深刻印象的话，但如果这样说

"经过对3000个学习过的人调查,超98.6%的人都喜欢某成交课",这样听起来就更加让人信服。这里的数据可不是一个纸面上的数字,而是代表了有许许多多的人都做了同样的选择。

实操步骤:好评率、使用率、通过率、成交率、复购率,可以提升多少效率,可以节省多少时间和金钱等资源,所以赶快去翻阅你的产品资料,看看哪些信息是可以被数据化的,并且加以利用。

需要注意的是,这些方法需要在恰当的情境下使用,并且需要考虑目标受众的特点和想法,才能更加有效地达到你的目的。

3. 反着说,把"你要卖"变成"他要买"

没有人喜欢被强迫,传统的销售方式更多是通过推销和说服的方式来让顾客购买产品,但这种方式可能会让顾客感到被强制推销,从而产生反感情绪。

把"你要卖"变成"他要买"是一种相对高级的营销策略,反着说的本质是让客户产生需求感,让他们觉得自己需要这个产品或服务。让客户的认识从"你要卖给我"转化成"我要在你这儿买",达到这个反转并不是一蹴而就的,需要分步骤进行。第一步,让客户同意他先前不同意的事情;第二步,让客户进一步认可你解决问题的思路。

除了说服客户,还可以通过环境、氛围影响客户。事实上,客户的购买行为,70%以上都是在购物环境里做出的,冲动性消费占了很大一部分。

具体来说,利用逆反心理进行销售时,一方面要避免引起客户的逆反心理,使其拒绝购买你的产品;另一方面还要学会顺应客户的逆反心理,让客户自己产生强烈的购买欲望,你不卖他却非要买。

这里我还要教你三个绝招,叫作"一不二要"。

(1)不要过度拉扯

从心理学上说,刺激过多、过强,或作用时间过久都会引起极不耐烦的心理

或者反抗行为。因而在销售中，应避免与客户过度拉扯。过度拉扯可能会超出客户的心理承受能力，使其产生烦躁或者逆反的情绪。

（2）要限制购买

越是得不到的东西，人们就越想得到。也就是说，当客户的心理需要得不到满足时，反而会更加激发他强烈的渴望。给客户的购买制造一些限制，会让客户觉得自己此时再不行动的话，就会错过最佳的购买时机，可能以后再也没有机会得到。这样反而会促使客户果断决定，使交易迅速达成。

（3）要欲扬先抑

在初次接触的时候，客户一般都会对销售人员抱有戒备心理，如果此时一味强调产品的优势，客户反而会更加警惕，因为害怕受骗而拒绝接受。

而先否定后肯定，能给人最大程度的好感。在向客户介绍产品时可以事先向客户说明"最坏情况"，当客户看到真正的产品时，便会觉得情况没有那么糟糕，这样一来，对产品的好感度会大幅度提升。

你不妨列出来产品的二十个好处，再找出三个无足轻重的坏处，在和客户介绍产品时讲五个好处之后再讲一个不痛不痒的坏处，如果你只宣传产品的好处，反而在客户看来是非常假的。

03　逆向思维，大大提高成交率

这里先讲一个小公主和月亮的故事。

在一个遥远的国度里，有一位小公主。某日，她突然病倒了，而且病情十分严重。她向国王诉说，如果能拥有月亮，她的病或许就能痊愈。国王立刻召集全国的智者，命令他们无论如何都要为公主摘下月亮。

大臣们纷纷出谋划策。有的说月亮远在三万五千里之外，比公主的寝宫还要大，而且是由融化的铜制成的；有的说月亮距离地面十五万里，是用绿奶酪做成的，而且比皇宫要大两倍；有的说月亮在三万里之外，像一枚圆圆的钱币，有半个王国那么大，而且还被粘在天空上，人类根本无法摘取。

国王听后心情愈发烦躁，于是召来宫廷的小丑为他解闷。小丑询问了事情的来龙去脉后，认为当务之急是要弄清楚小公主心中的月亮究竟有多大、多远。

于是小丑来到公主的寝宫探望她。他顺口问道："月亮有多大呢？"

公主想了想，回答道："大概比我拇指的指甲小一点吧，因为我只要把拇指的指甲对着月亮，就可以将它遮住。"

"那月亮离我们有多远呢？"小丑继续问道。

"不会比窗外的那棵树更高！有时候它会卡在树梢间。"公主答道。

"那月亮是用什么做的？"小丑刨根问底。

"当然是金子！"公主果断地回答。

小丑心中暗喜：比拇指指甲还要小，比树还要低，而且还是用金子做的月亮，当然容易拿到！于是他立刻找来金匠，打造了一枚小巧的金月亮，给公主做了一条项链。公主戴上项链后非常开心，第二天她的病果然痊愈了。

为什么小丑解决了公主的难题？原因就在于小丑了解小公主的真实需求。人们总是较少关注客户的真实需求，更倾向于按照自己的意愿做事，有可能导致无论多么努力，效果总是不尽如人意，而沟通才是掌握客户心理的最好办法。

1. 高效沟通的五种策略

（1）70％的时间倾听，30％的时间说话

有的人在倾听时常常出现以下情况：不自觉地打断对方讲话、发出认同对方的"嗯""是"等声音。

较佳的倾听是尽可能不发出声音，不打断对方讲话，眼睛注视对方，等到对方停止发言时，再发表自己的意见。而更加理想的情况是让对方不断地发言，愈保持倾听，你们的距离就拉得愈近。

在沟通过程中，30％的说话时间里，提问又占了80％。问题越简单越好，是非型问题最好。以自在的态度和缓和的语调沟通，更容易被对方接受。

（2）传递正面情绪，换种说话方式

有时候一句简单的话，由于表达方式不一样，可以被理解为多种意思。比如：你为什么要这么做？这句话如果是请教的语气，表达的意思就是：请问你为什么要这么做？可以为大家详细解答一下吗？如果是不认同的语气，表达的意思则是：你这样做不对，明明有更好的解决方案！这就是语言的情绪，正面的、负面的、热情的、冷漠的情绪都会传达给信息的接收者。

然而，负面的情绪并不能解决问题，甚至还会让结果变得更差。在沟通的时候要擅长使用正面的语言情绪，以对事不对人的方式去沟通。有时候改变说话的方式，可以得到不同的结果。

对话是在交换信息吗？其实不然，人们在对话中，更想要交流的是情绪，而非信息。要表达情绪，而不是用情绪表达。

（3）主动倾听，换位思考

有这样一个故事：

一只猎犬追一只兔子，久追不到。这只猎犬就问兔子："平时看你跑得那么慢，今天怎么变得这么神速？"兔子说："对你来说，只是一顿午饭的问题，而对我来说却是生存与死亡的问题。"

在销售实践中，换位思考是非常有效的成交方法，即从客户的角度去考虑"这个产品能给我创造多少效益""以我现在的资金情况能不能承受""这个产品与其他产品比有什么优缺点"。运用这种逆向思维的方式，能更好地理解与客户之间存在什么样的问题，应该怎样解决。只有理解这一点，才能让你的销售工作更上一层楼。理解也是一种处理人际关系的最好的思考方式，在我们理解客户的过程中，与客户的关系也更进一步。

（4）不要说反对的观点

沟通的目的是解决问题，不是为了证明自己的正确。生活中总能发现很多人在沟通过程中不断想证明自己是对的，却人缘不佳。擅长沟通的人认为没必要在双方之间分清楚对错。

如果不赞同对方的想法，不妨仔细倾听他话语中的真正含义。若要表达不同的意见，切记不要说"你这样说是没错，但我认为……"要不断赞同对方的观点，然后再说"同时……"而不说"可是……""但是……"比如说"我很感谢你的意见，我觉得这样非常好，同时，我有另一种看法，不知道你认为如何？"或者"我赞同你的观点，同时……"等等。

（5）用好沟通的三大要素

成功的面对面沟通，需要文字、声音、肢体动作三者完美结合。经过研究发现，这三大要素在面对面沟通中的影响力比例，可能出乎人的意料：文字只占

7%,声音占38%,而肢体动作,竟然高达50%以上。

大部分人在沟通的时候,只关注自己说话的内容,却完全忽视了声音和肢体语言的重要性。其实沟通不仅在于说了什么,更重要的是说话的方式。声音和肢体语言,就像沟通的灵魂,或许能直接影响别人对你的看法。

要想成为沟通高手,就得努力和对方达成一致,利用声音和肢体语言跟对方"心有灵犀一点通"。这样,你才能真正表达自己,让对方接受你的意见。那些真正的沟通高手,都有一套进入别人"频道"的绝技。他们能更轻松地让别人喜欢他们,信任他们,他们的意见能得到别人的采纳。

2. 用数字说话,大大提高成交率

数字除了用于运算,它还是一种特殊的语言,尤其是在销售行业中,有些时候你的能言善道,可能抵不过数字的力量。我们应该巧用数字,在运用数据说明问题时,注意以下事项:

(1)准确

在沟通中使用准确的数字,更容易增加对方对你的信任度,例如,可以把约一万、很多、无数、大多数这类模糊的形容替换为一万两千五百家、67%等,这样精准的数字更能够体现出观点的真实性。

(2)真实

运用数据来说明问题,就像用调料给菜肴增色添香,但要是调料放得不对,菜肴也不会可口。同样,如果数据不真实、不准确,那你的观点也不会有说服力。如果客户发现数据有问题,他们就有理由认为你在欺骗他们。这会给你的职业形象带来极大的负面影响,对你的事业也有一定的打击。所以,一定要确保引用数据的真实、准确,这样才能赢得客户的信任。

(3)巧妙

举例来说,两家超市促销竞争,其中一家提供5%的购物返现,而你的预算有限,只能提供2%的返现。在这种情境下,若仅从返现的百分比来看,你的策略似乎不占优势。但转换一下思路,你完全可以用一种更具吸引力的方式来运用这有限的预算。

与其简单地将2%的返现平均分配给每一个顾客,不如考虑将这笔预算集中起来,用于创造一种更为吸引人眼球的奖励机制。具体来说,你可以设定一个规则,即每50个顾客中,将有一个获得全额免单的奖励,最高免单金额为1000元。

让我们来详细解析这个策略。假设每个顾客的平均消费金额为1000元,按照2%的返现比例,每个顾客将获得20元的返现。但如果你将这50个顾客的总返现金额(即1000元)集中起来,作为免单奖励给予其中一个幸运顾客,那么这一奖励的吸引力将大大增强。

这样的策略不仅让你的促销更具吸引力,而且能够让顾客期待并且与他人分享。当顾客知道他们有机会获得如此大的奖励时,他们可能会将这一信息分享给亲朋好友,从而增加超市的曝光度和客流量。

因此,虽然预算有限,但通过巧妙地运用这笔预算,你完全可以创造出一种与竞争对手不同的、更具吸引力的促销方式。

(4)配合

除了上文提到的原则和技巧,运用数据说明问题时,还可以借助其他工具来强化效果。例如,可以引用权威机构的数据和报告增加说服力。此外,还可以利用市场调研和用户反馈等方式,获得的信息可以让你更深入地了解目标受众的需求和期望,从而更好地调整策略。

有数据和事实的强大后盾,距离成交更近了一步。只要把准确的数据和生动的案例结合起来,说服客户变得更简单了。而那些广为人知、经过实践检验的成功案例,更能让你的观点如虎添翼。因此,要擅长利用这些“武器”,让数据和事实为自己开路,轻松说服每一个客户!

3. FABE 销售法

FABE 销售法是一种基于心理学原理的销售方法，FABE 法是销售人员通过展示产品特征、分析其优点、阐述客户可获得的利益，并提供证据来证实产品价值的一种有效销售技巧。

- F＝特点＝产品特征；
- A＝优势＝产品特征所产生的产品优点；
- B＝利益＝这一优点能带给顾客的利益；
- E＝证据＝技术报告、顾客来信、报刊文章、照片、示范等。

假设你是笔记本电脑的销售人员，这款电脑的特点是可以人脸识别开锁，利用 FABE 销售法就可以这样介绍：

- 特点：这款电脑的特点之一是拥有人脸识别功能；
- 优势：它可以通过摄像头扫描人脸来进入系统、文件或邮箱；
- 利益：不用记烦琐的密码，安全性能大大提升，不用担心电脑内的信息外泄；
- 证据：演示人脸识别操作的便利性。

沟通方式模板：

因为（特点）……从而有（功能）……对您而言（好处）……从这您可以看出来（证据）……

43

04 打造自己的高效成交沟通模板

想要成功销售,必不可少的是知道在特定场合下用最适合的沟通方式。例如和客户在非正式场合见面,想要拉近关系就得先从关心对方生活近况开始。如果是主动到客户公司拜访,这次拜访的目的就要先向客户表达清楚。

与客户沟通的场景大致可以分为:商谈、会议、日常拜访以及电话沟通四个场景。根据这四个不同的沟通场景提供了四个沟通模型供你参考,帮助你找到最适合自己的沟通方式。

·商谈　　　　　　　·会议

·日常拜访　　　　　·电话沟通

1. 商谈

在商谈场景中,推荐使用 SPIN 销售技巧沟通模型,SPIN 代表情境、问题、影响和需求满足四个关键元素。这个模型通过向客户提问,识别他们的情境和问题,分析问题的影响并提供满足客户需求的解决方案。即,了解客户,提供相关的解决方案，建立信任，提高客户满意度，从而提高成交率。这就是为什么在商谈场景中要使用 SPIN 方法。

（1）场景：首先，跟客户谈及他们的业务、市场和需求，了解他们的现状。记得要多问开放式问题，让客户有足够的空间说出他们的想法。

（2）问题：在清楚客户的情况后，引导他们谈论在业务中遇到的问题和挑战。专注于谈论客户的痛点，让他们迫切地想要寻求解决办法。

（3）影响：推动客户思考这些问题对他们业务的影响，比如成本、利润等方面。这样可以让他们更清楚地认识到问题的严重性，从而更愿意采取行动。

（4）需求满足：最后，跟客户聊聊你的产品或服务如何解决他们的问题。推动客户自然而然地发现解决方案的好处，强调它对他们的实际作用。这个阶段要让客户关注解决方案的积极效果，而不是单纯地推销产品。

在使用 SPIN 模型时，要牢记：

•提前准备：在跟客户见面之前，了解他们的行业和公司，这样你能提出更有针对性的问题。

•注意倾听：认真听客户说话，让他们感受到你在关心他们的需求。

•保持耐心：不要急于推销产品，给客户时间去了解问题和解决方案。

•动态调整：每个客户都有各自的特点，所以要根据他们的需求灵活运用 SPIN 模型。

遵循这些建议，即使你是个销售小白，也能在商务谈判中有效地使用 SPIN 模型，提高销售业绩。

模型优势

SPIN 方法关注客户需求的满足，让客户感受到你的产品或服务能解决他们的问题，进而提高客户满意度，有助于建立长期合作关系。SPIN 方法让你和客户共同发现问题及解决方案，使客户更容易接受你的建议，减少其反驳的可能性。

2. 会议

在会议场景中,建议使用 6W2H 沟通模型。该模型通过回答八个问题来了解会议参与人员和对资源的需求,确定会议的目标和细节。在会议中的发言结构最好为总分总,即先表达观点,再给出理由和证据,最后总结,以帮助参会人员梳理信息。

如果打算发起一个会议,主题是"讨论如何在小红书平台运营账号",不妨在会议中使用 6W2H 模型。

具体步骤如下:

(1)what(做什么):明确会议的主题——在小红书平台上创建一个账号并成功运营该账号。

(2)why(为什么这样做):阐述在小红书平台上建立账号的重要性,包括提高品牌知名度、吸引潜在客户、提高销售额等目标。

(3)where(在哪里做):在小红书平台上创建和运营账号。

(4)when(何时做):为创建和运营小红书账号制定时间表,包括账号创建、内容规划、发布频率等关键时间点。确保团队成员了解时间安排,并留有足够的时间执行任务。

(5)who(和谁做):明确参与创建和运营小红书账号的团队成员,包括负责内容创作、设计、运营等的团队成员,以及他们在项目中的角色和职责。

(6)which(哪一种策略):在制定策略时,评估各类选项,例如目标受众、内容类型、发布频率等,选择最适合品牌和目标的策略。

(7)how(如何做):讨论创建和运营小红书账号的具体步骤,包括注册、内容创作、发布、推广等。确定如何完成任务,分配资源,并解决可能遇到的问题。

(8)how much(投入和产出是多少):评估创建和运营小红书账号的成本、预算和资源需求,包括内容创作成本、设计费用、广告预算等。确保团队成员了解项目的投入和预期产出。

在会议中应用 6W2H 沟通模型时,要确保所有团队成员都有机会提问和发表意见。鼓励开放式沟通，促进团队合作，确保项目成功。利用好 6W2H 模型你会发现并不是所有的会议都是无效的，只是你没有找到合适的沟通模型。

模型优势

会议沟通效率低、职责不明确会导致团队合作受阻，未知风险增加，以及难以推进项目。而在会议场景中，使用 6W2H 沟通模型可以提高沟通效率，明确责任和目标，促进团队合作，预防问题和风险，以及确保项目进度。

3. 日常拜访

在日常拜访场景中，建议使用 OREO 沟通模型。

（1）opinion（观点）：首先，明确、清晰地表达你的观点。例如，直接表达你的产品是客户所需要的最佳解决方案。

（2）reason（理由）：给出支撑你观点的理由。理由应该是有说服力的、能够证明你的观点是正确的。例如，你可以阐明产品的独特功能是如何满足客户的需求，或者为什么比竞争对手的产品更具优势。

（3）example（例子）：可以提供一个或多个案例来证明自己的观点，因为其体现了产品在现实场景中的应用。例如，你可以分享一个成功案例，说明你的产品如何解决了其他客户的类似问题。

（4）outcome（结果）：最后，阐述使用你的产品可能带来的积极效果，包括提高效率、降低成本、提高客户满意度等。你的目标是让客户相信采纳你的建议将给他们带来实际利益。

可以利用这四个简单的"锚点"构建你所需表达的观点。它们就像饼干一样，开头和结尾的两个 O（观点和结果）就好比是上下两片饼干，而中间的 R（理由）和 E（例子）就好比是饼干的夹心。通过开头和结尾两次重申观点，使客户形成深刻的记忆，将你所表达的内容植入对方的头脑。

模型优势

——针对性和高效性：OREO 沟通模型强调提供有针对性的信息，这有助于更有效地回应客户提出的争议性问题。按照这一模型提供信息，可以更好地组织我们的语言，确保回应具有逻辑性、清晰性和明确性。

——提高说服力：OREO 沟通模型强调提供原因和事例，这有助于提高回应的说服力。通过提供具体的数据、事实和案例，可以增强观点和回应的可信度，使其更具说服力。

——建立联系：OREO 沟通模型强调提供实际案例，这有助于跟客户更好地建立联系。通过提供实际案例，可以使客户更好地理解你的观点，更愿意给予你回应，从而加速成交的过程。

4. 电话沟通

在电话沟通的场景中，建议使用 AIDMA 沟通模型，该模型源于商品学和消费者购物心理学，阐释了人在购物中的心理规律。

客户从接收产品信息到决定购买该产品，大致需要经历五个心理阶段，这五个阶段分别是：引起注意（attention）、产生兴趣（interest）、激发欲望（desire）、形成记忆（memory）、购买行动（action）。

使用 AIDMA 模型就像是在社交场合吸引别人的注意，让别人对你产生兴趣，产生了解你的欲望，记住你，愿意和你建立联系。同样，在电话沟通中，你也需要通过这些阶段来引导客户购买你的产品或服务，提高你的销售成功率。以参加聚会为参照，让如何在电话沟通中使用 AIDMA 模型更易理解。

（1）引起注意

你需要引起客户的注意。这是 AIDMA 模型的第一步。你在聚会上，如果想让别人注意到你，你可能会说一些有趣的事情或者讲一个笑话。同样，在电话沟通中,你也需要找到一种方式来吸引客户的注意。

（2）产生兴趣

你需要让客户对你感兴趣。如果你在聚会上只讲了一个笑话,然后沉默不语,别人可能很快就会忘记你。所以你需要提起一些有趣的话题,让别人有兴趣和你交谈。在电话沟通中,你需要说明你的产品或服务的优点,让客户产生兴趣。这就是"兴趣"阶段你需要做的。

（3）激发欲望

你需要让他人产生欲望。在聚会上,你可能会展示你的特长或者才华,让别人产生了解你的欲望。在电话沟通中,你需要让客户感到他们需要你的产品或服务,这就是"欲望"阶段你要做的。

（4）形成记忆

在这之后,你需要让别人记住你。在聚会上,你可能会通过讲一个特别的故事或者展示一项特别的技能来让别人记住你。同样,在电话沟通中,你也需要让客户对你的产品或服务形成深刻记忆。这就是"记忆"阶段你要做的。

（5）购买行动

你需要让别人采取行动。在聚会上,别人可能会邀请你留下联系方式或者有机会相聚。在电话沟通中,你需要让客户将购买付之于行动,这就是"行动"阶段你需要做的。

模型优势

在给客户打电话这个场景中,首先要保证的是,客户不会挂断电话。所以在和客户沟通时避免无目的闲聊,也不要只讲自己感兴趣的事,而是要先让客户对你即将传达的信息感兴趣。AIDMA 模型强调吸引注意力、建立兴趣和激发欲望等步骤,使你的表达更有条理性和针对性。切记！在和客户沟通时焦点要放在客户身上,而不是单纯追求表达自己的观点。

49

05　不说教只说服，让客户完成自我成交

假如今天有个推销员向你推销产品，但他不展示产品，而是指责你曾经购买产品的决定是错误的，只有购买他推荐的产品才是对的。

面对这样的推销方式，你会买吗？

你不会，你的客户也不会买。

很多人以为说服是找到一种说法，让客户"照着我的话去做"，但事实上，真正的说服都只是为了找到一个切入点，引导客户自己找到购买的理由。

1. 人人都烦的说教场景

既然不能对客户说教，那如何判断自己是否在对客户说教呢？

假设在某次闲聊时，你听到朋友抱怨自己觉得空虚，不知道该做些什么，于是你们展开了对话：

"哎，最近觉得好无聊，好羡慕你，对什么事都充满兴趣，还给自己报班学习，行动力满满。"

"那你为什么不跟我一样，花点时间去报班学习呢？"

"我知道，但是我工作太忙，实在没时间……"

"你真的有那么忙吗？每天连一个小时都挤不出来？"

"真是说得轻松，你哪里知道我们这种加班者的痛苦，而且就算有时能早点下班，也是非常疲惫，恨不得原地躺下，哪有闲情逸致去学习？"

"那早起半小时呢？早起学习效率也很高呀！"

"不行，我早上起得太早，会一天都没精神。"

"可以早睡呀，早睡早起，休息的时间是一样的，多出来的时间学习，不觉得是赚了吗？"

"算了吧，就算能早起，我也没有多余的钱去报班学习，我还是找点别的不花钱的事做吧。"

上面这段对话，你有没有觉得很熟悉？

这就是典型的说教场景，说教者喜欢用"为什么你不……"的方式，督促去做某件事，而被说教的一方则是喜欢用"我有×××"的客观原因当作借口，拒绝改变。

问题的核心是说话方式。当你反复问别人"你为什么不……"时，实际是让对方寻找为什么不做这件事的理由，提问越多，对方就越容易找到拒绝的理由。更糟糕的是，这个过程很容易引起对方的反感，让对方觉得你并不理解他的具体情况，产生抵触情绪。

谁喜欢被否定呢？为了帮助你理解，现在请你设想自己是个辅导老师。请思考以下哪种表达方式让你觉得更舒适。

第一种表达："你为什么不改变一下教学方法呢？一直这样，学生就无法吸收课堂知识，考试时肯定拿不到好成绩呀！"

第二种表达："你可以考虑调整一下教学方法，在教学过程中，使用这款软件来辅助你，有助于学生更好地吸收知识，考试时也更有信心。"

如果你是那位老师，是不是会更喜欢第二种表达方式？

第一种表达方式又叫高威胁信息，它通常带有"必须""严重后果"等措辞，强调行为的紧迫性和后果的严重性。

第二种表达方式又叫低威胁信息，它以"你有个选项""你可以考虑看看"等表述为主，给予对方更多的选择空间。

通过这个案例，不难发现：高威胁信息往往等同于说教，而且说教的效果不尽如人意。高威胁信息容易激起对方的反驳，无法让对方更重视问题。对方的第一反应是反驳，而不是重视问题。

为了加深理解，我再列几个不能在和客户的沟通中使用的关键词。比如，"应该""必须""不允许""应当""只能""为什么不"等。

这种强制或教训的词汇用于告诫他人应该怎样或不应该怎样，强调某种价值观念的正确性，却忽略了客户的需求和感受，强行输出自己的观点，可能引起客户的反感和抵触情绪，从而影响销售效果。

那怎么说才能让客户更愿意购买我们的产品呢？先要了解抵触背后的机制。事实上，人只会为自己的理由改变。同时，任何问题都是通过改变来解决的，要么改变自己，要么改变别人。

2. 没有人喜欢被改变

每个人的看法都是他人生经验的总和，这也是为什么很多人把被说服看作被打败。理由越充分，内心越抵触。客户反抗机制的发生过程如下：

在内部思维层面，一旦想反驳，大脑就容易陷入对小概率事件的过分关注。

外部沟通时，激发对方反驳欲望，即使一些反例发生概率比较小，也会被用来反驳对方。

想要成交，就要避免激发客户本身的反抗机制。越是坚定和绝对的说法，越容易激发客户的反驳冲动。避免触发这种反抗机制的小技巧：不说"你应该"，而说"我需要"。"你应该"会使对话具有强迫性。把"你应该"改为"我需要"，背后的逻辑变成了你满足了我的需求，这样的表达方式更容易让对方感受到自己被需要。这种转变为对方提供了购买我们的产品或服务的合理理由。

3. 点燃者句式

点燃者句式，让客户自己说服自己，完成"自我成交"。

点燃者句式的原理就在于利用人们内心的反抗机制，让对方为"要做"找到充分理由。与其询问"为什么不要"，不如询问"为什么要"。

人的想法并不是不可动摇的，是易变的、多维度的，说服实际上是把其中一种想法放大。假如你希望对方放大想法 A，就问对方为什么，从而促使对方为想法 A 找理由。

客户表现了想法 A（小火苗）后，用点燃者句式巩固想法 A。通过反问的方式，促使对方为自己选择的小火苗辩护。

依旧以上文提到的和朋友的谈话场景为例。

"最近觉得好无聊，好羡慕你，对什么事都充满兴趣，还报班学习，行动力满满。"

"奇怪了，你看起来不会是觉得空虚的人呀，怎么突然对我做的事情感兴趣呢？"

"我也希望自己可以懂得更多一些呀，这样也可以更自信一些。"

"你现在也很好呀，大家都在刷视频，也没什么不好的。"

"但是如果能够掌握一项工作以外的技能，会让自己在面对未来的时候，更有安全感一些。"

"那么,你打算怎么做呢?"

同一个话题,两个场景中的对话走向完全不一样。

原因就在于,劝导者一直在问"你为什么想要这样",而每问一次,听者的脑中就会构思一次"我应当如何"的理由。这就像埋下一颗种子,随着提问者每一次的反驳("你现在也很好呀,大家都在刷视频,也没什么不好的")更加苗壮,扎根更深。

大部分人都不喜欢被否定,而为自己所提出的理由辩护更是人类的天性。人不会单纯为了别人的理由而改变。不是口若悬河就能说服他人,而是和观念有关系。真正的说服,是让对方说,进而点燃对方的小火苗。说服的本质是自我说服,不是被动接受他人的观点,而是自己找到了答案。不是被别人说服,而是与某人交谈后,自己豁然开朗。

06 避开这七种拉低成交率的倾听方式

会说不如会听，倾听技巧是一个强大的工具，它使你更加敏锐，更能关注他人的需求，从而取得更好的沟通结果，加速成交。掌握倾听技巧就意味着具备了擅长倾听和理解别人说话的能力，能够积极地关注和回应他人。这种能力不仅能提高销售业绩，还能帮助我们建立稳固的人际关系，提升销售技巧和影响力，并有效地解决问题和化解矛盾。

很多人都认为销售成功的人必定是口才出众、能说会道，其实不然，掌握倾听与回应技巧比仅仅擅长表达更重要。在倾听与回应的过程中，不仅要掌握倾听技巧，还要特别注意避免以下七种令客户反感的倾听方式。

1. 打断式倾听

出现场景：当与某人进行对话时，过早打断对方，不给对方充分表达自己的机会。

心理机制：这种倾听方式背后往往隐藏着不耐烦和自我中心的心理，这类倾听者只关注自己的想法和意见，而不愿意花时间倾听他人的观点。

倾诉者的心理机制和感受：当倾诉者被打断时，他们可能会感到被忽视和不被尊重。他们的意见和感受未能得到充分的关注和理解，这种感受可能会导致他们产生沮丧和不满的情绪。

例如：

55

对方："我有一个想法,关于如何改进我们的团队合作以及……"

倾听者："我知道了。我们应该改变我们的工作流程。"

有些人在对方说话时突然打断对方,表达自己对这件事的想法而不听对方的全部想法。有些人则会在对方开始说话之前单方面在谈话中下结论。这一类人可能觉得自己反应灵敏、理解速度比较快,因此不愿意浪费时间去听完对方的陈述,而迫不及待地表达自己的想法。然而,这种做法往往会导致误解和沟通不畅。

2. 选择性倾听

出现场景:当与他人交谈时,选择性地只关注那些符合自己兴趣或观点的内容,而忽略对方表达的其他内容。

心理机制:这种倾听方式背后反映的是自我中心和偏见的心理,这类人只想听到与自己观点相符的信息,而不愿意接受与自己不同的观点。

倾诉者的心理机制和感受:当倾诉者察觉到自己的话被对方选择性地聆听时,他们可能会感到被忽视和无视。他们的观点和经历被对方轻描淡写地略过,这无疑会让他们感到失望和不被重视。

例如:

对方："我认为我们应该探索新的市场机会。"

倾听者："哦,但我觉得我们目前的市场份额已经足够了,不需要浪费时间在其他地方。"

对方表达了一种新的想法或建议,而倾听者却只全程强调自己的意见,完全没有真正去理解和考虑对方的意见。

3. 作出偏题的回答

出现场景:当对方谈论一个特定的话题时,另一方却故意转移话题,给出的回答与对方关注的内容毫不相干。

心理机制:这种倾听方式背后往往隐藏着自我中心和对他人话题缺乏兴趣

的心理，他们只关心自己的话题，而不愿意真正理解对方的问题或需求。

倾诉者的心理机制和感受：当倾诉者发现对方的回答与自己提出的问题不相关时，他们可能会感到沮丧和失望。他们希望得到针对自己的问题的回应，而不是被引导到另一个毫不相干的话题上，这种交流方式可能会让他们感到不被重视和不被理解。

例如：

对方："我最近在学习如何提高销售技巧。"

倾听者："哦，说到销售，我有一次签了一个超大额的合同，让我告诉你我的经验，你一定会受益匪浅。"

4. 只谈论自己

出现场景：无论对方谈论什么话题，倾听者总是把话题转移到自己身上，例如谈论自己的经历、成就或困惑。

心理机制：这种倾听方式背后隐藏着倾听者的自我吹嘘和自负心理，他们将对方的话题视为展示自己的机会，而不是真正关心对方所谈论的内容。

倾诉者的心理机制和感受：当倾诉者注意到对方总是将话题引向自己时，他们可能会感到被忽视和不被尊重。他们希望对方能关心和倾听他们的问题，而不是将对话焦点转移到对方身上，这种交流方式可能会让倾诉者感到不被尊重和不被重视，从而影响他们与倾听者之间的沟通和关系。

例如：

对方："我有一个问题，关于我们新产品的市场定位，我们应该如何更好地吸引目标客户？"

倾听者："我们最近新来的那个市场总监好像是'走后门'进来的，是谁帮助他进来的呢？"

5. 作出令人不快的附和

出现场景：当对方表达观点或意见时，故意使用讽刺、嘲笑或轻蔑的方式表示同意。

心理机制：这种倾听方式源于内心深处的傲慢和对他人的轻视，通过嘲笑或讽刺来削弱对方，这实际上是对他人的不尊重。

倾诉者的心理机制和感受：当倾诉者察觉到对方以讽刺、嘲笑或轻蔑的方式附和时，他们可能会感到被伤害和不被尊重。他们希望得到真诚的共鸣和支持，而不是讥讽和轻视，他们可能会感到失望、沮丧和困惑。

例如：

对方："我认为我们需要通过加强团队合作来解决这个问题。"

倾听者："是！你说得对！团队合作能解决一切问题！"

在对话中，简单附和的方式直接影响沟通的成败。简单地用"是"或"对"来回应，会让人感觉非常敷衍。同样，在不恰当的时机发出笑声或者是过于夸张地附和，也会让人不快。在听到对方表达和自己不同观点时直接回应"不是""不对"，也会让人产生不愉快的感觉。

6. 不恰当的态度

出现场景：在对话中，展现出不礼貌、冷漠或轻蔑的态度，例如嘲笑、摇头、叹气等。

心理机制：这种倾听方式背后反映出倾听者的轻视和不尊重，他们通过外在姿态和动作来表达对对方观点的不满和不认同。

倾诉者的心理机制和感受：当倾诉者面对对方的不礼貌、冷漠或轻蔑的态度和动作时，他们可能会感到被伤害和不被重视。他们原本期待得到关心和支持，而不是遭受不被尊重的对待。

例如：

对方："我认为我们需要更多的时间来完成这个项目。"

倾听者："（冷漠地摇头）真的吗？你觉得我们还有时间吗？"

如果倾听者在沟通中缺乏笑容，仪态不佳，态度冷淡，也会让对方的好感度降低，甚至比作出不当的回应更让人感到不适。例如，在沟通时身体斜向对面，摇晃上半身，身体后仰，把手藏起来，拨弄头发，抖腿，用手指指人等，这些动作在沟通中只能起到负面作用。

7. 提出不恰当的问题

出现场景：在对话中，提出不相关或冒犯性的问题，这些问题可能涉及个人隐私或敏感内容。

心理机制：这种倾听方式背后反映的是不尊重他人的隐私和超出人与人之间的界限，表现出对讨论内容的不尊重和对他人隐私的忽视。

倾诉者的心理机制和感受：当倾诉者面对对方提出的不相关或冒犯性的问题时，他们可能会感到困惑和尴尬。他们希望得到有意义和有价值的回应，而不是被引入不相关或敏感的话题。

例如：

对方："我觉得我们的销售策略需要调整。"

倾听者："听说你最近离婚了？最近感情生活怎么样？有什么新的进展吗？"

07 听懂客户的"话中话"，提高成交率

1. 倾听是销售的核心技能

苏格拉底说："自然赋予我们人类一张嘴、两只耳朵，也就是让我们多听少说。"

美国语言学家保尔·兰金也表达了类似的观点。他认为，人们在日常交往中，听占45％，说占30％，读占16％，写占9％。也就是说，人们有近一半的时间在听。

然而，现实与之相反，大多数人在交谈时都不太愿意倾听他人，而是喜欢表达自己的想法，另外，大多数人都喜欢谈论和自己有关的话题而不是只谈和对方有关的话题。

2. 倾听的三个阶段

与客户沟通的主要目的是销售产品或服务，所以客户的需求应该永远处在第一位。

可以把倾听的过程分为三个阶段。

第一阶段：明确事实，得到更多的有关客户需求的信息。

"原来是这样，您可以具体谈谈原因吗？"

"您的意思是指……"

"为什么这个对您很重要？"

第二阶段：验证理解，确保我们准确理解客户所表达的内容。

"您的意思是……我这样理解对吗？"

"根据我的理解，您是指……对吗？"

第三阶段：积极回应，向客户展示我们对他们话语的关心。

"确实很有见地。"

"我同意您的观点。"

在整个倾听过程中，还有两个问题需要注意。

（1）防止思绪偏离

在倾听他人讲话时，你有时会发现自己的注意力不自觉地游移了。这往往是因为你的思维运转速度远超过对方说话的速度。有时，对方尚未完整表达一句话，你已经预先理解了其意图。这种现象被称为思绪的偏离，它可能让你在聆听潜在客户时分散注意力。

走神不仅会让你跟不上客户的思路，还可能让你错过一些关键信息。为了改善这种情况，你可以采取以下两种方法：

首先，密切观察对方的非语言表达行为，这有助于更深入地洞察他们的真实需求和意图，进而更好地满足他们的期望。

其次，学会控制自己，避免注意力涣散。比如，房间的温度、不舒适的椅子或是持续的噪声等外部因素，都不应成为你分散倾听注意力的借口。此外，过度的情绪化也可能导致思绪的涣散。当潜在客户表达疑虑或拒绝时，虽然感到不适或想要停止倾听是正常的反应，但关键是要学会调整自己的心态，控制情绪与思维，确保它们不干扰你的倾听。

始终牢记，认真倾听下去，因为任何时候都可能有转机出现。

（2）注意术语的使用

你是否听过这样的话：越是专业的人越赚不到钱。你是不是对此有些疑惑？如果专业人士都不能赚钱，那钱由谁赚到了呢？

让我通过真实的案例来解答你的疑惑。我有个学员叫张三,他致力于家庭教育领域,虽然有家长陆续来找他,但成交量非常惨淡。他对此感到困惑,甚至怀疑自己是不是根本没有天赋。后来经过我的指导,他逐渐找到了成交的窍门。

无论销售吸尘器还是知识类课程,都要明白一个底层逻辑:客户购买的不是专业知识,而是解决问题的最有效的方法和路径。试想一下,当你需要给手机充电,需要明白家庭电路是如何运作的吗? 如果你需要吹干头发,需要明白吹风机的工作原理吗? 如果你是和孩子相处不愉快的家长,你最需要的是直接解决问题的办法,还是空洞的理论?

我相信你一定有答案。

或许你也会疑惑,既然如此,那你为什么要让我们去理解大脑的运作和底层逻辑呢?

因为在商业世界中,有两种身份:买家和卖家。买家根据卖家制定的规则进行消费和体验,而卖家制定规则的底层逻辑就是买家的共同特性。

那么,除了需求的不同,买家和卖家又有何区别呢? 答案是认知的不同。很多专业人士在与客户交流时,往往过于强调技术细节,导致客户难以理解,从而产生了沟通障碍。

客户之所以不爱听技术性很强的东西,是因为他更关注问题的解决,而不是其背后的原理。就像你在商场找卫生间时,你更希望保安直接告诉你位置,而不是听他解释人体生理知识。

越专业的人越赚不到钱,原因在于行业之间的认知壁垒可能更厚,过于专业的术语和知识,容易让客户感到困惑和疏远,你是翻译者,而非专业知识的搬运工。所以,尽可能举例子,用通俗易懂的语言来替换专业名词,这样才能让客户感受到你的专业度。

3. 五个技巧，助你捕捉客户的弦外之音

真正的销售高手，他们都知道销售中耳朵比嘴巴重要。他们通过多年的实战经验总结出这样一条法则：如果你想提高业绩，就要将听和说的比例调整为7：3，即70％的时间留给客户，倾听他们的声音；30％的时间用来提问、赞美和鼓励客户表达。

这一简单的数字比例，阐释了倾听的重要性。那么，在实战中要怎样倾听，才能让客户感受到尊重呢？

（1）捕捉非语言信号

在与客户面对面交流时，观察他们的肢体语言、面部表情和姿态。这些非语言信号可以反映他们的真实感受和态度。

心理机制：非语言信号通常是人们情感和意图的直观体现，通过解读这些信号，可以更准确地把握客户的真实需求和期待。

场景举例：客户正在观察一款产品，但他们眉头紧锁，手指紧握，这可能表示他们对产品存在疑虑或担忧。通过解读这些非语言信号，并主动询问客户的想法，我们可以更好地满足他们的需求。

（2）聆听语气和语调

无论是电话沟通或是面对面交谈中，都要留意客户的语气和语调的变化。语气和语调的变化隐藏着客户的情绪和态度。

心理机制：语气和语调是情绪的表达方式，通过聆听这些变化，能够推断出客户的情绪状态和对话题的态度。

场景举例：在销售谈判时，老客户的语气突然变得紧张或不耐烦，这可能意味着他们对价格或合同条款有疑虑。应该敏锐地察觉到这种语气变化，并主动探寻客户的关注点，以便解决问题并寻求双方都能接受的解决方案。

在客户表达的过程中，我们还要体会客户话语背后的含义，及时回应，向客户反馈并表达你理解他的感受，从而建立起对你的信赖与好感。

（3）深挖客户的隐含意图

当聆听客户表达观点或提出问题时，不仅仅听其字面意思，还要关注他们可能隐藏的真实意图或需求。

心理机制：人们常常会在表达时保留部分信息或给出暗示，这可能是因为他们害羞、担忧或不确定。通过挖掘隐含的意图，可以更深入地理解客户的需求和期望。

场景举例：客户说，"这个产品的价格有点高"。虽然表面看是在提及价格，但可能实际上他们关注的是产品的性能和价值。可以进一步与其探讨他们的关注点，以便使产品更好地满足他们的期待。

（4）解读客户的表达方式

在与客户交流时，仔细观察他们的措辞、用词和句子结构。这些语言细节为我们提供线索，帮助你更准确地把握他们的意图和需求。

心理机制：语言是思维和情感的载体。通过解读客户的表达方式，能够洞察他们的心理状态和潜在要求，从而为他们提供更贴心的产品或服务。

场景举例：客户说，"这样的产品我在其他地方也看到过"。这可能意味着他们对产品的差异性和独特性有所关注。可以回应客户，并强调产品的独特卖点，以帮助他们更好地了解产品的价值。

另外，有些客户带有一些口头禅或者习惯性动作，对此不要太在意，更不能因此分散注意力，而是应该将注意力放在客户的核心肢体动作及表达上。

（5）感知情感变化

在交流的过程中，要留意客户的情感变化，如兴奋、沮丧、焦虑等。情感的转变可以揭示客户对话题的态度和情绪状态。这些变化会直接或间接反映在面部表情及肢体动作中。

心理机制：情感反映了客户对话题的情绪和态度。通过观察面部表情及肢体动作来体察情感变化，可以更直接地了解客户的喜好和需求。

场景举例：当客户在讨论产品特点时，突然表现出兴奋和热情，这可能意味着他们对某个特定特点非常感兴趣。可以进一步探寻客户的兴趣点，并提供相关信息和解决方案。

在倾听时千万不要打断客户的话，要让客户完整表达，哪怕是客户稍作停顿，也不要打断，这样会影响客户的思路，引起客户的反感。另外，在倾听的过程中，切忌东张西望，做与谈话无关的动作。更不可露出不耐烦的表情，让客户认为你不尊重他，产生反感情绪。

在客户表达想法和意见时，要对客户的话作出积极的回应，避免冷场，使客户尴尬。比如，在回应客户时可以这样说："嗯，我也是这样认为的。""具体的细节您可以展开讲讲吗？""我理解您的感受。""我想象得出当时的情况。"等等。

如果在倾听的过程中可以做到以上几点，那么就可以让客户感受到真诚和尊重，从而对你敞开心扉，表达自己内心真实的想法。

4. 客户的真实需求，藏在"暗语"里

"听"是成交高手必不可少的技能之一，在销售过程中不仅要听，还要会听，因为客户大量的信息，尤其是其真实的需求就藏在他们的"暗语"里。

很多客户都不喜欢直截了当。他们总是习惯隐藏自己的真实需求，等待你去挖掘。甚至有时，客户其实自己也不清楚自己的真实需求是什么，这就需要你认真地听、仔细地想，从客户的话语中找到其真实需求，从而制定出有效的成交策略。

在销售领域，业务能力强、业绩出众的人往往都有较强的倾听能力，都能在客户的"暗语"中读懂客户的真实需求。为了做到这一点，需要掌握以下三点：

（1）认真倾听，把握"暗语"

很多人在与客户交流时，总是急切地想要销售自己的产品，从自己的立场出发，滔滔不绝地向客户灌输产品信息，这样反而会让客户反感。

在销售产品之前，应先认真倾听，把握"暗语"，从客户的真实需求出发，拉近与客户之间的距离。

当客户说"你们公司名气不大"时，实际上他们可能寻求能够证明公司信誉度的证据或者是相关的信息。此时，千万不能使用大量的赞美语言夸大公司的名誉和成果，可以提供给客户具体的案例和准确的数据。条件允许的情况下，也可以让客户试用产品。

当客户说"你们的价格并没有优势"时，客户可能是在暗示竞争对手也在和客户积极接触，而且给出的价格和你一样，甚至比你还要低。这时不能态度强硬，只讲自己的产品好，价格上坚决不让步。你可以在了解客户的具体需求后，在合作方案上做适当的调整或在价格上做细微的调整，以找到比竞争对手更具吸引力的条件或增加其他附加值。

当客户说"我无权议价"时，他们可能委婉地说"不"。此时可以态度温和地换个角度争取对自己的有利条件，只要客户没有直接拒绝，就意味着我们仍有机会促成交易。

当客户说"最近市场波动很大"时，他们可能在表达此时的客观条件和之前有了一些变化，而且是不利于客户那一方的变化，需要为自己争取一些有利条件。此时，千万不能机械地坚持立场，丝毫不退让。你可以给予理解，根据市场变化在价格上做适当调整，或在其他条件上让步。

当客户说"我们其实很有诚意"，这句话并非简单意味着客户真的有诚意，这句话背后的含义是：我知道你们的报价有浮动空间，我们愿意合作，但是你要通过某种形式的让步来体现你的诚意。你可以主动提出优惠条件，增加附加值服务或提供更优质的服务等，展现合作的诚意和决心。

当客户说"希望我们今天能够达成一致"时，客户其实是在说：我给你的时间非常有限，而且我手中有很多谈判筹码，不希望拖延。换言之，这句话就像很客气地给出了一个"最后期限"。告诉我们对方迫切想合作，需要我们迅速做出决策。面对这种情况，不能要求自己的利益不受分毫损害，也不能犹豫不决。

我们应该表达积极的合作态度，果断决策，以促成双方满意的合作结果。

（2）询问、确认客户的需求

如果你掌握了客户的"暗语"，需要巧妙地向客户询问，确保你准确理解了客户的意图和关注点，才能准确把握与客户交流的节奏和方向。

（3）及时将话题转移至销售

通过倾听和询问明确客户的真实需求后，就可以将话题逐步从客户的兴趣转移到产品上了。值得注意的是，转移话题需要循序渐进，用积极的语言慢慢引导，而不是直接向客户介绍产品，这样才能更自然、更巧妙地让客户接受你的产品。

5. 倾听中洞察客户的厌恶与喜好

大量的成功经验表明，客户更倾向于与自己志趣相投、志同道合的人进行沟通和交易。由此可见，在和客户沟通时，了解客户的厌恶与喜好显得尤为重要。这不仅是激发客户与你深入交谈的前提，也是建立信任关系的关键。

在向客户推销产品时，仅仅把产品吹得天花乱坠，客户也很难产生兴趣。因为客户内心深处对你还心存防备，你没有取得他们的信任。相反，如果你能够在短时间内找到客户感兴趣的话题，然后再恰如其分地引出自己的产品，那么离成功也就只有一步之遥了。

可以从听、看、记三个角度，了解与分析客户的喜好。

（1）听

观察客户的说话方式。客户使用的词语、措辞是揭示他们的喜好和厌恶的关键。他们如果使用积极的词汇、夸奖的语气或者明确的要求表达时，通常意味他们持正面的态度。相反，他们如果使用消极的词汇、批评的语气或者含糊不清的要求，那可能是他们委婉地表达拒绝。

使用场景：在与客户讨论一个新项目的合作细节，如果客户说："这个想法真是太棒了，你们团队真的很有创意！"这就意味着他们对此表示赞同。如果他们说："不确定这个能否奏效，你们有没有更多的数据和实例呢？"这时就需要你提供更多的支持和案例来打消客户的疑虑。

（2）看

要仔细观察客户的情绪反应。当他们表现出兴奋、愉悦或满意时，这是他们喜欢的信号。反过来，如果他们显得厌烦、不悦或者不满的话，那可能是他们对某个话题或方向不感兴趣。观察客户的行为和偏好也能为我们提供宝贵的信息。比如他们购买的产品、关注的话题、参加的活动，都能为你提供线索，为你揭示他们的真实需求。

使用场景：在与客户共进商务晚宴时，观察他们选择的菜品、饮品，或者他们是否喜欢与他人交流。这些细节能够透露客户的个人喜好和社交偏好，有助于我们更好地与他们建立联系。

（3）记

记录和回顾客户的喜好和厌恶，并在后续的交流中回顾这些信息，提供更加个性化和定制化的解决方案。

使用场景：在与客户进行电话交流或会议时，可以边做笔记，边记下他们提到的关键点和表达的喜好。下次与他们交流时，可以回顾这些笔记，以便更深入地了解他们的需求和兴趣。

除了主动观察与记录外，也可以从大多数人比较关心的话题入手。在交谈中，不妨从客户的事业、家庭、兴趣爱好等方面展开话题，比如：

- 客户在工作中取得的荣誉和业绩等；
- 客户的兴趣爱好，比如登山、旅游、极限运动等；
- 客户的家庭成员情况，比如孩子的学习成绩、老人的身体状况等；
- 客户喜欢或崇拜的偶像明星等；
- 客户难以忘怀的人、事、物等；
- 客户所关心的社会焦点问题，比如房价、车价、油价等。

08　统一双方的沟通节奏，实现无痕成交

在生活当中经常会遇到这样一种人，在对方说完之前就急于给出回应。有趣的是，不会倾听的人绝大多数都是聪明人，他们可能过早地理解了对方的意思，所以不等对方把话说完，就抢先给出答案。

我曾见过一位顶级销售高手，在会面的过程中，他没有喋喋不休，也从未给他人要强行推销的压迫感。他的过人之处就是认真倾听。无论话题是什么，他都能恰到好处地附和。我作为一个外行，经常会提出一些奇怪的问题，他也没有急着否定我的意见，即使我说错了，他一定会先对我的话表示肯定，然后用我能接受的方式给出意见。他本着希望为我提供帮助的态度，站在专业角度，真诚地分析利害得失。我非常乐意付费，并且对他心存感激之情。

顶级的销售高手很少指挥别人，他们会让对方感到放松，懂得营造舒适的氛围，让客户愉快地交谈，对方会不知不觉表达自己的真实需求，这是最佳的沟通方式。以下是六种回应方法，助你实现无痕成交：

1. 肯定和赞同

肯定与赞同是建立良好人际关系的金钥匙。人们喜欢和赞同自己的人打交道，对于与自己立场完全相反的人，则持保留态度。这种对被认可的渴求深植于人类内心深处，人都希望得到他人的认同与接纳。当你以亲切的语调赞同

69

客户时,实际上满足了他们内心对自我价值渴望。对于个体而言,自我认知与价值感至关重要。当你肯定客户的观点、需求或意见时,实际上是在承认他们的价值与重要性。这种积极回应,能增强客户的自尊和自我认知,让他们感受到被重视和被尊重。

认可需求是一个不可忽视的心理机制。表达肯定和赞同时,其实是在告诉客户:"我理解你,我尊重你的观点,我站在你这边。"这种认同让客户感到被珍视和尊重,进一步巩固了合作关系。通过肯定和赞同,点燃了客户内心的需求之火,让客户觉得他在我们心中占有举足轻重的地位,彼此之间的情感纽带也更牢固。

因此,在与客户交流中,不妨采用亲切的措辞,比如:"没错,您的需求十分重要!我们完全理解并全力支持。"这样的赞同回应,满足了客户的自我价值需求,让他们感到被认可与尊重,还能在业务层面促进合作顺利进行,为双方的人际关系增添一份和谐与融洽。

2. 确保你全神贯注地倾听

倾听,是最基本也是最重要的沟通技巧之一,其核心在于保持对他人话语的专注,不分心。这看似简单,但蕴含着巨大的能量,能在交流中产生积极的影响,加深你与客户之间的默契与了解。

通过专注倾听,能够与客户建立深厚的情感共鸣和连接。客户会感受到我们真诚地关心他们的问题和需求,这有助于构建彼此之间的情感纽带和亲近感。这种共鸣和情感连接可以促进更深入的信任关系,同时也增进客户对你的好感与认同。

具体来说,当客户在表达时,可以积极与他们进行眼神接触,身体微微前倾,直接面对客户,将注意力集中在他们的面部,特别是眼睛和嘴巴上,避免打断或插话。这不仅表示了对客户的尊重,也展现了你在用心聆听。同时,避免交叉双臂或趴在桌子上等封闭性的体态,这会给人一种不专注或不感兴趣的印象。

3. 调整为低速的沟通模式

你知道吗，他人对你的印象很大程度上取决于你的语速和语调。而附和也是沟通的关键，你需要用高语调和快语速的方式来让氛围更热烈。但如果你想让对方冷静下来，就需要用低语调和慢语速的方式来附和。通过调整语调和语速，能够做到影响对方的谈话状态。

在大多数情况下，人们的沟通往往处于高速模式，他们急于说服、鼓励、争论、辩解等。然而，这种做法会让对方产生抗拒心理，不利于目标的达成。相反，当你把倾听作为一种工具，用于达成目标时，应专注于倾听、提问、理解并回应对方的情感。这样，对方会感受到你的关注和理解，知道你是与他们感同身受的。这种"低速挡"的沟通方式，会让他们更愿意与你建立联系。

附和的要点是要传达"我在认真听你说话"的信息。有时甚至不必开口，认真地点个头就能传达出这种信息，这种简单的举动能给对方留下深刻的印象，增强你与客户之间的信任和亲近感。

同时，要注意清晰简洁的附和比啰唆的回应更有效。在交流中，沉默点头有时比言语更能解决问题。只要真心地点点头，就能传达出你在认真倾听。

在本书最后一章专门写了如何与客户私聊。具体分成了四个步骤，分别是软性破冰、制定规则、了解痛点、美好想象。销售人员可以利用这四个环节，通过简洁有效的回应来提高成交率。

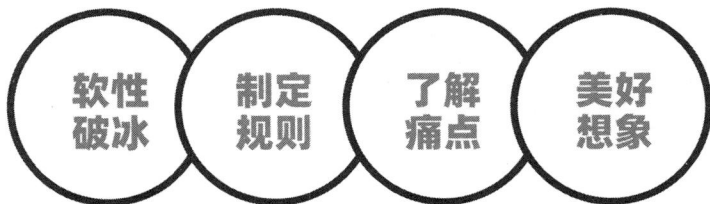

软性破冰　制定规则　了解痛点　美好想象

4. 给予客户充分的表达空间

在面对客户的不满时,切勿急于插话或过早下结论。请给予他们充分的表达空间,耐心听他们完整阐述。

有些人可能会情绪激动或者不满,这是他们宣泄情感的方式。不要过早打断,不然会阻碍他们情感的释放,并使你难以准确把握他们的真实意图。所以,最佳的做法是耐心等他们说完。

客户宣泄情绪完毕后,我们可以适时地引导谈话,把话题引到更积极的层面,比如一起探讨解决办法。例如,可以说:"我明白您的感受,我们真的很在意您的反馈。现在,让我们一起商量出解决这问题的办法,我相信肯定能找到一个让您满意的方案。"这样的回应,既表达了对客户情绪的理解和重视,又为后续的对话创造了积极的氛围。

5. 复述对方的话

在回复客户之前,可以先复述一下对方的观点。这样不仅能表达你对他们观点的认同,还能表示你真正在倾听他们说话。除此之外,这种复述方式还有三个好处:

第一,复述可以显示出你的在乎。这是我们对客户的关心和尊重的直接体现。复述客户的话让他们感受到你认真倾听并理解他们的需求,从而加强了与客户之间的联系。

第二,复述确保理解的准确性。在商业沟通中,防止误解和误会至关重要。通过复述,可以消除歧义,确保自己获得了正确的信息,从而能提供更适合的解决方案。

第三,复述也是提升自我意识的方式。通过复述,反思自己的理解和观点。这有助于自我审视自己是否真正理解了客户,从而进一步提升沟通和思维能力。

复述不仅有助于建立良好的客户关系,还能提高客户满意度,进而取得更好的业务成果。所以，在与客户交流时，别忘了复述客户的话，让他们感受到你真诚倾听和关注。

6. 停顿过后再认同

客户表达完观点后，我们可以先安静等待 3 秒到 5 秒，然后再给予肯定的回应。这种沟通策略有三个好处：

第一，避免打断客户。有时候客户需要短暂停顿整理思路。我们的等待为他们提供缓冲时间，确保他们的发言不会被打断。这样既能完整地听到他们的观点，也尊重了他们的发言。

第二，传递你对客户的重视。停顿一下再回应，表明真正关注客户的每一句话，向客户传达了"我正全神贯注倾听你，会认真对待你的意见和需求"。这样客户会感受到被尊重，你与客户的关系也将更亲近。

第三，为自己提供思考时间。在回应之前，可以利用这段时间充分理解客户的观点，并思考如何给出最合适的回应。这使你的回应更加真诚，还能帮你为客户提供更合适的解决方案，让客户满意和信任。

总之，停顿之后再回应客户，不仅避免打断客户，还展示了我们对客户的重视，并为自己提供了思考的空间，这样沟通使我们的交流更有成效。

要点回顾

1. 夸人效能提升的三个绝招：借他人口、讲具体事、分不同人。

2. 要表达你的好感，因为喜欢可以感染别人。

3. 不妨列出产品的 20 个优点，再找出 3 个不痛不痒的缺点，在和客户介绍产品时强调 5 个显著的优点之后再讲一个不痛不痒的缺点，这种策略有助于提高成交率。

4. 人们在交流中，更想要交流的是情感，而非信息。应该表达情感，而不是用情感去表达信息。

5. 沟通的目的是解决问题,不是为了证明自己的正确性。

6. 点燃者句式是引导客户自己说服自己,是利用反抗心理,让对方为"要做"找理由。不问"为什么不",该问"为什么要"。

7. 如果你想提升业绩,就要将自己与客户交流的听与说的比例调整为 7 : 3,即 70% 的时间让客户表达,而你倾听;30% 的时间用来提问、赞美和鼓励客户表达。

第三章

肢体语言：映现客户心理潜台词

在这个瞬息万变的商业环境中，了解客户的需求和期望是成交的关键。 然而，客户的需求并不总是通过言语直接表达，他们的肢体语言和微妙的暗示才是揭示他们真实想法的钥匙。 每个人的肢体语言都是独特的，且不同的文化背景和个人经历都可能会影响肢体语言。 因此，掌握破译客户肢体语言的技巧，读懂他们的心理潜台词，对于你来说至关重要。

01　肢体语言是心灵的镜子

美国心理学家拜亚进行了一个有趣的微表情识别实验。他制作了短片,展示了六种常见的微表情:愤怒、恐惧、幸福、悲伤、挑逗和冷漠。

虽然这些情绪在日常生活和影视剧中随处可见,但实验结果却出人意料。参与微表情识别实验的普通人中,只有不到20％的人能够准确辨识他人的微表情。

客户可能会有所保留或者不确定,不会直接告诉你他们的真实想法,这是很正常的情况。因此,观察肢体语言非常重要,因为它能揭示客户内心的情感和想法,帮助我们更好地理解他们的需求和期望。

举个例子,当一个人口头表示同意,却紧咬牙关、眉头紧锁,或转移视线,这些非语言信号表明他可能不满或犹豫。相反,如果某人嘴上表示反对,但肢体语言展现出自信和开放,这意味着他可能并不反对,而只是在阐述自己的观点和需求。

记住,理解和解读非语言行为,能更好地洞察客户的真实想法、情感和意图,从而实现更有效沟通。

👥 实战案例

　　王丽是一家知名英语培训机构的老师,她负责与各个合作机构保持良好的关系。一天,她计划去一家合作方进行回访,这家机构是当地一家重要的教育机构。

　　王丽提前约好了时间,然后抵达该合作机构,准备与负责人交流。然而,当她见到那位负责人时,她立刻察觉到了不对劲的地方。对方眼神躲闪,避免直视她,而且说话语气也变得不那么友善了。这跟上次拜访时的氛围大相径庭。

　　王丽有点疑惑,她知道眼神交流在沟通中是很重要的,所以这种变化让她开始担心了。她没有直接问负责人,而是决定在合适的时机去了解一下情况。她离开该机构后,找到了前台的工作人员,打听了一下当天是否有其他合作伙伴去过。

　　前台的人告诉她,上午确实有一家培训机构前来拜访。王丽立刻警觉起来,为了确认她的猜测,王丽决定采取行动。她回到了英语培训机构,并与团队讨论这个问题。他们决定重新安排会面,邀请该合作机构的负责人和高层主管一同参加,以便更好地解决潜在问题。

　　在会面中,王丽小心翼翼地询问了负责人之前沟通时的变化,并提到了竞争对手的拜访。负责人有些尴尬,但也坦诚地承认,竞争对手的到访确实对他产生了一些影响,让他对合作产生了犹豫和担忧。

　　王丽和高层主管们阐述了英语培训机构的优势、服务质量,以及双方长期合作的价值。他们表示愿意提供更加灵活的合作方案,以满足对方的需求并解决他们的担忧。王丽还分享了一些成功的合作案例和其他合作伙伴的积极反馈,以证明自家机构的价值和能力。

在听取了王丽和高层主管的解释和承诺后，负责人开始重新考虑，并逐渐放下了心中的疑虑。他们逐渐恢复了对合作的信心，并认识到竞争对手的干扰只是暂时的困扰。

王丽和负责人达成了新的合作协议，包括更加适应该合作机构需求的课程设置、灵活的合作条件和更紧密的沟通与支持。双方共同制订了明确的合作计划，并约定定期进行评估和沟通，以确保合作的顺利进行。

王丽的细心观察和敏锐的洞察力让她提前发现了该合作机构负责人的心理变化，从而避免了合作关系的破裂。通过及时采取行动、重新沟通并提供更好的解决方案，她成功促成了双方的合作。

02 眼睛是鉴别真伪的测谎仪

一般来说,瞳孔扩张传递的是满足或其他积极的情感,大脑仿佛在说:"我喜欢现在看到的东西,让我看得再清楚些吧。"人的瞳孔既可以扩张也可以收缩,它的变化代表了不同的含义。当人们亲密交谈或者谈兴正浓时,瞳孔就会扩张,眉毛会上挑,眼睛也会不自觉睁大,这种表情通常被称作"闪光灯眼"。眼睛睁得越大,往往意味着好感越强烈。

◇◇
▽

闪光灯眼

当你有机会在客户面前讲解产品卖点时,可以通过观察客户的眼睛来确定客户是否对产品感兴趣。如果在你讲述卖点的过程中,客户的瞳孔收缩,眼睛眯起,或者眉眼下垂,你就该调整沟通策略。

1. 用眼神给予客户适时的回应

目光交流是交谈的前奏,通过眼神细微的变化,能够更深度地交流,使沟通更加灵活和有内涵,同时解读方式也多种多样。

首先,观察对方是否直视你,这一点至关重要。其次,留意对方的眼神活动,是坚定和你对视,还是稍有接触就立刻移开。这背后隐藏着他们心理状态的差异。然后,留意对方的视线方向,是真诚地直视你,还是略带斜视地瞥向你。另外，观察对方的目光焦点，是从上到下审视你，还是从下到上扫视你。同时，注意对方的眼神集中度，是全神贯注地盯着你，还是眼神四处游离，没有明确焦点。不同眼神有不同的解读，代表了不同的情感状态。

从医学的角度来看，眼睛是人类五官中最敏感的部分。和客户互动时，应善于运用不同的眼神来传达超越语言的深层交流。否则，交流可能只会留在表面的机械沟通上。通过灵活运用不同的眼神，我们可以传达出热情、真诚和决心。

2. 倾听时与客户进行眼神交流的方法技巧

(1)视线集中在对方的眉宇之间

与客户交流时，无论他们谈论什么内容，应敢于直视他们。一般情况下，你可以将视线放在客户的眉毛之间，这样可以传达出礼貌和友好的信号。

视线停留在对方的眉宇之间

(2)目光稳定，避免四处游离

在与客户交谈时，不要东张西望，更不要频繁查看手表等物品，这些都是失礼的表现，容易给客户留下不耐烦的印象，目光也不要游离不定，否则客户会认为你轻浮或不诚实。

(3)注视客户的时间要恰到好处

虽然保持眼神交流可以表现出自信和热情，但过度注视会让客户感到压力。因此，适度的目光交流很重要。人们在交流时眼神接触的时间通常占整个交流时间的 30% 到 60%。超过 60%，可能意味着你对他们的兴趣超过了谈论的话题本身；低于 30%，表示你对谈话内容不感兴趣。一般来说，持续凝视时间控制在 3 秒即可移开目光，以免让对方感到不自在。

推荐的做法是在对方说话的前半部分，保持较为集中的目光接触，后半部分可以稍微移开目光，这样维持一个舒适的交流氛围。

(4)眼睛中的开心与疑虑

如果你的客户在聊天时突然眯起眼睛,可能是因为他们对某个方面产生了疑虑,大脑正在飞速运转,验证所接收到的信息。他们的眼神可能会流露出不适或者怀疑的情绪,似乎眯眼这一动作在传达着不同意或者疑虑的信息。这种眯眼动作实际上是在阻挡自己接收更多的不喜欢的信息。

眯眼　　眼睛自然变大

当你提及的内容让客户感兴趣时,他们的眼睛可能会自然地放大,仿佛在吸收更多信息。当他们兴奋、感兴趣或者高兴时,瞳孔会自动扩大,以让更多的光线进入眼睛,从而帮助他们更好地集中注意力并获取信息。因此,通过观察瞳孔的变化,能窥见一个人对特定事物的兴趣和情感反应。

同时,切记不要刻意将视线集中在客户的一只眼睛上,不需要过多凝视,保持自然的目光交流即可,只有在表达敌意时人们才会这样"怒视"。

03　爱说"悄悄话"的眉毛

人们的情绪变化常常可以在眉宇间看出端倪，眼睛和眉毛就像是情感的双生胎，彼此紧密相连，相互呼应。眼睛可以"传情达意"，眉毛也能揭示一个人的内心情感。随着人们心情的变化，眉毛的形态也会随之改变，或紧锁、或舒展，这是一种极具力量的表达方式。

1. 扬眉

眉毛的形态变化主要有两种：一种是双眉上扬，一种是单眉上扬。有一个成语叫"扬眉吐气"，这描述当人们摆脱压抑、释放情绪时，眉毛会扬起，传递一种仿佛胜利后的喜悦心情。有时候，当人们非常惊讶或欣喜若狂时，眉毛会伴随着睁大的眼睛一起上扬。这时，客户的情感可能会像过山车一样起伏不定。为了确保对方能够完全理解你传递的信息，不妨稍作等待，等客户情绪稳定下来，再继续交流。这样做可以确保对方在适宜的心态下接收信息，从而提升沟通的效果。

双眉上扬　　单眉上扬

另一方面，如果客户频繁抬起一条眉毛，可能有两种情况：一种可能是他对某些观点或信息感到困惑，这种眉毛动作可能表明他正在思考，并希望得到更深入的解释；另一种情况可能是客户的性格有傲慢的一面，展现出对他人不太关心或略带轻视的态度。

2. 皱眉

在一些特定的情况下，人们会皱起眉毛。比如，当突然遇到强光照射或者外界攻击时，人会下意识地皱眉以保护眼睛免受伤害。这是一种自然的反应，表明其正在抵抗或规避外界的刺激。

皱眉

此外，当人面临难题或者暂时找不到解决办法时，也会不自觉地皱起眉毛。这种表情是思考和集中注意力的外在表现，意味着正在积极思考并寻找解决问题的方法。

一般来说，皱眉的表情常常传达出厌烦、反感、不同意或防御等心理状态。因此，跟客户沟通时，如果发现他们眉头紧锁，可能是对你的观点或建议不太满意，或者对某个问题持有不同意见。这时可以采取以下方法来应对：

（1）倾听并尊重：关键在于认真倾听客户的意见和疑虑。通过表达对他们的尊重和关注，确保他们感到被理解和重视。同时，给予客户充分的机会表达自己的意见。

（2）明确解答并解释：当客户因为产品或服务的某个方面而皱眉，我们可以主动澄清和解答相关问题。通过清晰说明，帮助客户消除疑虑。

（3）保持积极的态度：无论客户皱眉的原因是什么，保持积极的态度非常重要。用友善、专业、耐心的方式跟客户交流，努力缓解他们的紧张或者不满情绪，建立起良好的沟通和合作关系。毕竟，积极的态度是赢得客户信任和建立长期合作关系的关键。

3. 耸眉

这种表情通常是先把眉毛扬起，然后稍微停顿，接着眉毛逐渐下垂，嘴角也可

84

能会微微下垂。这传递出一种既不满又无可奈何的情绪。

皱眉

在聊天中，客户也时常会用这个表情，他们可能表面上在问："你觉得怎么样?"虽然看起来是在请教意见，但实际上他们是希望你能支持他们的观点。

还有一种情况，客户想强调自己的看法并得到你的认同时，也会用这个表情。眉毛先抬起，短暂停顿，然后下垂，这些动作可能是试图获得支持或认同的方式，通过这种肢体语言来加强立场，期望你与他们产生共鸣。在这种情况下，作为聆听者，你可以通过倾听和尊重，表达你理解并认同他们的看法。

4. 眉毛斜挑

斜挑的眉毛是一条眉毛向下压低，另一条高高扬起，看起来就像一个大大的问号，这是人们产生怀疑心理时常见的神情。当客户的眉毛斜挑时，往往意味着他们感到怀疑、困惑或不太信任。这种斜挑的眉毛动作实际上是一种质疑的表现，意味着他们对你所提供的信息或建议持有一定的怀疑态度。这个动作还表明客户正在思考或评估你所说的话，并试图了解更多信息。

眉毛斜挑

面对客户斜挑的眉毛，你可以积极回应客户的疑虑并提供更详细的解释。通过清晰地回答他们提出的问题，辅以有力的证据和支持，帮助客户减少疑虑，逐步建立起信任关系。

客户斜挑眉毛，不一定代表消极的情感。更多时候是他们对某方面有疑问，或者需要更多信息来做出决策。因此，解读这个表情时，要结合其他信号和具体情境来全面分析，以便更准确地把握客户的真实想法。

04　嘴是心情变化的参照物

在人际交往中,有些肢体语言是具有普遍性的,比如人们紧闭双唇的动作,往往给人试图隐藏什么的印象。这暗示他们可能遇到了问题或者困境。因此,在和客户聊天时,要观察他们嘴巴的动作,能捕捉到许多重要信息。

1. 嘴唇紧抿

嘴唇紧抿

一般情况下,闭紧双唇多表示为拒绝、厌恶、生气、专注等情绪。当客户紧抿嘴唇,这可能意味着他们对某个观点或建议持保留态度,或者对当前的情况感到不满。

2. 掩嘴

掩嘴

用手掩嘴,则可能表示吃惊或撒谎。一般生活中的掩嘴动作是克制的,不明显的,需要细心才能有所察觉。比如,你的朋友用食指摸着鼻尖说:"我在森林里碰到一个长着猫耳朵的动物,可能是外星人。"

虽然他试图掩饰掩嘴的动作,但这把动作变为摸鼻尖,这微妙的改变证明他可能在撒谎。当客户紧闭嘴唇或嘴唇变薄时,往往意味着客户紧张、不满或不愿意透露更多的信息。

3. 嘴角上翘

当客户的嘴角上翘时,可能表示兴趣、满意或者幽默感。这暗示他们对你所说的话或者提供的信息有积极的态度,并对当前的交流感到满意。

4. 嘴唇咬合

客户闭紧或咬合嘴唇可能表示紧张、焦虑或不安的情绪。这可能意味着他们对某个决定或者情况感到压力,这时需要你给予更多的安抚或解释。当客户频繁地舔嘴唇时,可能表明客户感到不安或焦虑。人在愤怒时,因为无处发泄,有些人会选择咬嘴唇作为忍耐的方式。比如,你做错事情时,可能会拍一下大腿说:"搞砸了。"这其实就是一种自我怀疑或缺乏自信的自然反应。如果在谈判中发现对方有这种反应,说明对方开始犹豫,内心已经开始妥协退让。相反,当客户的嘴唇较少动或动作缓慢,可能表示客户较为放松或安心。

5. 嘴唇张开

当客户的嘴唇微微张开时,可能表示惊讶、困惑或者好奇。他们可能对所听到的信息感到意外或者需要更多的解释和澄清。当客户的嘴形变成小圆形时,往往表示客户感到惊讶或不确定。而当客户的嘴型变成长方形那样紧绷时,则意味着他们感到紧张或者不愉快。

嘴唇张开

为了更准确解读嘴唇动作的信息,建议结合其他肢体语言信号一同观察,如眼神、姿态、手势等。同时,要注意不同人的文化背景和个人习惯可能对嘴唇动作的解读产生影响,因此要在具体情境中进行综合分析。

05　透露内心秘密的小动作

小动作指的是人们在日常生活中不自觉展现的一些细微的肢体语言和行为，这些小动作往往可以揭示客户内心的真实状态。

1. 开放与防卫的胳膊

当面临威胁或危险时，人类的本能反应之一是举起胳膊，试图保护自己。这是防御机制在发挥作用，即便明白手臂并不能真的阻挡子弹，但大脑仍然会产生这样的反应。

这也证明了肢体语言和心理机制的紧密关系。就算人意识到某种行为在特定情境下不实际或无效，身体还是会基于本能和习惯做出相应的反应。这更加证明了肢体语言的重要性，它可以传达情感和内心状态，有时甚至超越了自己的意识控制。

（1）交叉胳膊

如果客户把胳膊交叉放在胸前，可能意味着他们对某事有疑虑，或不太情愿，他们可能对当前的情况或与你讨论的内容有所保留。你可以试着转变话题，或者用更开放、理解的态度来打破他们的心理防线。

交叉胳膊

此外,当客户对某个问题不满或者不信任时,他们可能会用手臂或者手掌挡在胸口或脖子前,或者是用手指轻触下巴或嘴唇等细微动作。这些小动作都是他们内心怀疑和不情愿的明显信号。如果你们意见不一致,客户可能还会微微后退身体,以示距离和保留。

(2)放松的手臂

如果客户放松地将手臂自然垂下或放在身体两侧,以舒展的坐姿和你交谈,这通常表明他持开放、放松和友好的态度。这种动作传达出一种开放的姿态,说明这个客户对你有好感,接纳你,并且对所处的环境和你都感到满意和安心。

放松的手臂

(3)手臂交叉于胸前

与交叉胳膊不同,当客户将手臂交叉放在胸前,但手臂和身体之间保持一定间隔时,可能表示他们希望保持独立性和保护自己的边界。这种姿势反映了客户对个人空间的重视和保护自己的意愿。在这种情况下,你可以采取更加尊重和体贴的态度,尊重客户的个人空间。

(4)手臂挥动

如果客户挥动手臂,特别是带有力量和决断的动作时,可能表示他们此刻感到激动、自信或坚定表达观点。手臂的挥动可以增强客户的表达力和说服力。在这种情况下,可以倾听他们的观点,并积极与他们互动和交流,进一步加深彼此的理解和沟通。

手臂挥动

2. 快乐脚与告别脚

很多人在解析肢体语言时都将注意力放在面部,实际上腿部和脚传递的信息也非常重要。有的人可能擅长隐藏面部情绪,但未必能完全控制"腿部语言"。

"快乐脚"是指个体开心时双腿和双脚会不自觉地摆动或颤动。这种现象有时会突然发生,特别是在听到或看到重要的内容时。快乐脚是可靠的信号,它表明客户自己正感到满足,或者正在从他人或当前的环境中获得他想要的东西。不管是在玩游戏、谈生意还是和朋友聊天,快乐脚都会诚实地告诉你,此刻他们的大脑正在大声宣告:"我正兴奋不已。"

快乐脚　　告别脚

告别脚是指在和客户谈话的过程中,如果客户将脚移开并指向一侧,说明他想要离开,而他前往的方向就是脚的指向,这是一个意图线索。如果你们是在室内,你也可以观察一下,他的脚是不是朝向了门的位置。

还有一些腿部的动作,同样能够表明一个人想要离开当前位置的意图,例如,客户双手按住膝盖,并将重心移至脚部,这是一个明显信号,提醒你是时候结束对话,不要拖延了。

我再给你讲一个学员蜕变历程:

在李婷开始跟我学习之前,她经历了一系列的挫折和困惑。无论她如何努力地进行销售谈判,她总是感觉自己无法真正与客户产生共鸣,无法准确捕捉客户的需求和兴趣。这种困境让李婷感到沮丧和无助。她怀疑自己的能力,并开始怀疑自己是否适合从事销售这个职业。她对于如何建立与客户的良好关系感到困惑,无法找到突破的方法。

后来李婷在视频号上找到了我,开始跟我学习成交技巧,其中就包括如何根据肢体语言信号调整自己的销售策略。她学会了观察客户的肢体语言,特别是脚部动作,以此来解读客户的内心想法和情绪状态。

这种学习给李婷带来了巨大的收获。她不再感到困惑和无助,取而代之的是自信和乐观。在一次重要的谈判中,李婷发现了客户的快乐脚动作,这启发了李婷进一步与客户深入沟通,并调整自己的销售策略,更加专注地了解客户的需求和关注点,并提供了有针对性的建议和解决方案。

合作成功后,客户对李婷的表现给予了高度评价。其中一位客户说:"李婷非常善于观察和理解客户的需求,她总是能准确捕捉到我们的需求和兴趣。她真诚和个性化的服务给我们留下了深刻的印象,我们非常愿意与她合作。"

后来李婷给我留言说,她开始享受与客户的互动,并在谈判过程中展现出更高的灵活性和敏锐度。她与客户之间建立了更强的信任和合作关系,也取得了显著的销售业绩。她感受到了自己的变化。以往的痛苦和困惑消失了,取而代之的是内心的喜悦和自信。她知道自己正走在正确的道路上。

06　用手势助力交谈

虽然人的大脑已经充分掌握了使用语言的技巧,但它还是会本能地驱使手去准确表达情绪、思想和情感。理解手部动作对解读非语言交流非常重要。恰当的手势可以在沟通中激发人们的积极反应。

以下是几种常见的手势和技巧,让你的沟通更有影响力:

握手:这是对他人表示友好和尊重,是正式开始和结束的标志。握手的时候可以微微用力,适度表达热情和自信,但不要过于用力,另外,要确保手掌干燥。

手势引导:当你希望客户关注某个关键点或者想要吸引客户的注意力时,可以用手势引导客户,比如指向展示板或者用手指勾画形状等。

手势抬高:当你想要强调某个观点或者突出其重要性时,可以将手举起或者把手指向上方,来展现你的自信和所说内容的重要性。

手势肯定:当客户提出了有益的观点或者意见时,可以用肯定的手势来表达你的赞同和支持,比如竖起大拇指或者鼓掌等。

手指点触:用手指点触某个地方或物品,能有效地引导客户的注意力,并加深他们对所谈内容的印象。

手掌张开:这一手势能展现出开放和诚实的态度,让客户感到更加舒适和信任。

1. 展现自信的手部动作

高度自信的手部动作反映了一个人内心的高度舒适感和自信,有几种与手有关的动作可以让你发现,做这个动作的人,对自己的现状感到满意和舒适。

(1)手掌打开

这个手势充满了力量和自信,它象征着"我无所隐瞒",是一种表达自信、愿意合作的标志,仿佛告诉所有人:我在这里,准备与大家深入交流。

认真观察擅长演讲的人,你会发现他们经常采用这个手势。当他们做这个手势时,给人一种亲切而开放的感觉,也展现了愿意倾听的态度。电视主持人也经常使用这个手势,这背后无疑是他们接受过的专业培训和自我修养的体现。

手掌打开

要点:手掌打开,手臂微曲,手心向上或者面向客户。

(2)尖塔式手势

这是领导、律师等喜欢用的手势,出于工作的原因,他们需完美展示出自信的感觉。尖塔式手势常被视为展现自信、权威和决断力的方式。这种手势表明个人对自己的观点或决策充满自信,并希望在特定场合彰显领导力。

领导者、演讲者或希望在社交场合展现自信和权威的人,经常采用这种手势。它传递了自我肯定和有决心的态度,有时也用于强调特定观点或主张。

尖塔式手势

要点:双手的手指交叉,形成一个类似尖塔的形状。

(3)手指朝上

这个手势不仅可以用来强调,还可以表示数字"一""十""百""千""万"。在演讲时,配合这个手势,可以更有效地吸引听众的注意力,使他们更专注于接下来要讲述的内容,仿佛在说:"请看这里,请听我道来!"

需要注意的是,手指不能直接指向客户,这样看起来不太礼貌。

手指朝上

要点:食指伸向空中,胳膊向上伸直,手置于胸口以上。

(4)拇指和食指并拢

通常这用于表示具体的信息,或者在描述"精细""微小"的时候非常有效,它会让你讲述的内容更直观地呈现出来。它可以将无形的言语转化为有形的画面,让听众形成清晰的印象。无论是讲述精彩的故事,还是阐述复杂的理论,这个手势都能使听众更投入其中。

拇指和食指并拢

要点:拇指和食指并拢,像是在轻捏一个小球。

(5)双手打开,手心向内

这个手势通常用于形容一个范围。例如,当你说"这件事的影响已经蔓延全球"时,就可以用这个手势代表全球的范围。此外,这个手势不局限于地域的范围,也可以描述时间的跨度、涉及的人物群体等。如果你细心观察演讲者,就会发现这个手势被频频用到。

双手打开
手心向内

要点:双手打开,手心向内,放在胸口位置。

95

（6）将手放在胸口上

手放在
胸口上

这个动作直观地表达了祝愿、愿望、希望或心情,也可以用来指"我"。这个手势会让人觉得很真诚,仿佛告诉别人"这些话是我发自内心想说的"。

要点:将手掌放在胸前。

（7）竖起拇指

自信地
竖起拇指

竖起拇指通常被认为是一种展现高度自信的非语言信号,还有一种隐性的手势是,从口袋中伸出拇指,这是一种极度自信的表现。当人们竖起拇指时,表明他们对自己的评价较高,或者对自己目前的思想状态感到满意。

2. 低自信动作

低自信的动作揭示了大脑在面临不舒适、不安全感或自我怀疑时的状态。在肢体语言中,积极的手势可以传达信任、开放和自信的态度,而消极的手势则可能会给人带来防御、不信任或焦虑的印象。

（1）搓手

搓手

搓手是一种常见的手部微动作,它常常无意识地表达着怀疑、紧张或低度压力的情绪。当人们感到不确定或紧张时,他们可能会不自觉地用手指轻轻搓揉另一只手的手掌。这是一种自我安慰的行为,旨在缓解内心的紧张感或焦虑感。

(2)抚摸颈部

细心观察不难发现,当客户在谈话时不断抚摸颈部,可能代表他们并不是十分自信,或者他们正在试图通过这种方式释放压力。这是一个强有力的信号,表明大脑正在积极处理某种消极情绪。如果客户做这个动作,可能是客户产生了困惑,你要适当给予对方正向反馈。

抚摸颈部

3. 避免使用冒犯性手势

(1)避免手指指向对方

在多数国家,用手指指向别人,被认为是最具冒犯性的手势之一。几乎全世界的人都认为这一动作带有挑衅和不尊重的意味。这样的行为不仅可能让被指的人感到不舒服和尴尬,也可能让旁观者觉得行为人缺乏基本的社交修养。

(2)保持手部动作在视线之内

在与客户交流时,要保证手部动作在客户的视线中,因为手部动作是交流不可或缺的一部分。在视线中的手部动作可以让大脑接收到安全的信号,而当对方的双手离开视线时,大脑会默认对方的手有攻击的可能性,从而降低信任感。在使用手势时,要注意手势的自然和适度,不要过于夸张或者不自然,否则可能会让客户感到不适或者不自然。另外,要注意客户的文化背景和个人喜好,避免使用可能冒犯客户的手势,以确保交流的顺畅和愉悦。

07　镜像动作，让客户从无感到喜欢

为什么有的人在销售工作中如鱼得水，而你却感到力不从心？可能只是因为你没有这样做。美国社会学家在《人类本性与社会秩序》一书中提出：社会人的行为，很大程度上取决于他们对自我的认识。这种对自我的认识，主要是在与他人的社会互动中形成的。

人类具有模仿的本能和社会认同需求。模仿本能使人在与他人互动时更容易模仿对方的动作，这不仅有助于建立情感纽带，还能提升交流效果。而社会认同需求则驱使人渴望与他人建立联系并获得认可。动作镜像能满足这种需求，让他人感受到被理解和接受的温暖。

基于这个原理，可以巧妙运用动作镜像技巧，模仿客户的行为、语言、姿态等，以促进我们与客户之间的共鸣和亲近感，还能使我们更好地与客户连接，增进彼此的理解与共鸣。

1. 动作镜像的优势

动作镜像的优势就是增进你和客户之间的默契和联系，让对方感觉彼此之间有很多相似之处和共同点。这种共鸣感不仅有助于拉近彼此的关系，使之更为亲近，还能有效建立信任基础。

建立共鸣：通过模仿对方的动作，展现出对他们行为的理解和接纳，从而建立起情感上的共鸣，增强与客户的情感联系，让对方感到被关注和重视。

提升亲和力：动作镜像可以创造出一种亲密感和亲和力，使对方感觉到你们之间存在相似性和共同点。这种相似性有助于增进彼此之间的信任，使交流更加顺畅和舒适。

提升影响力：动作镜像可以与对方建立默契，使对方更容易接受你的观点和建议。这种相互的镜像行为可以加强彼此之间的共同体验和认同感，从而让你在销售过程中更具说服力。

2. 利用镜像原理与客户建立联系

以下是几种利用镜像原理与客户建立联系的方法：

姿势镜像：观察客户的身体姿势，并试图模仿他们的姿势。例如，如果客户交叉双臂，你也可以采取类似的姿势；如果客户倚靠桌子，你也可以适度倚靠桌子。这种姿态上的相似也可以传达出一种共鸣和一致感，有助于拉近与客户的距离。

手势镜像：留意客户的手部动作，并尽量与他们的手势保持一致。当客户用手指指向某个方向，你也可以自然地用手指指向相同方向；如果客户使用手势强调某个观点，你也可以适度运用类似的手势来加强表达。这样的模仿可以加强你们之间的联系，使交流更加顺畅。

表情镜像：观察客户的面部表情，尝试模仿他们的微笑、眉毛抬高或其他表情变化。当客户展现愉悦的笑容时，你也可以微笑回应；当客户关切或认真时，你也可以调整你的表情展现同样的情感。这种表情上的镜像可以建立情感共鸣。

呼吸镜像：感受客户的呼吸节奏，尽量与他们的呼吸节奏保持同步。这并不意味着要刻意模仿他们的呼吸频率或深度，而是通过观察他们的呼吸状态，使你的呼吸与之相协调。这种呼吸上的同步有助于营造放松和亲近的氛围，使客户感到更加舒适和信任。

要点回顾

1. 理解和解读非语言行为,能更好地使我们洞察客户的想法、情感和意图,从而更有效地沟通。

2. 眼睛是人类五官中最敏锐的部分。和客户互动时,应当懂得运用不同的眼神来传达超越语言的深层信息。

3. 不仅眼睛可以传递感情,眉毛也是一个人内心情感的重要表达窗口。随着人们心情的变化,眉毛的形状也会随之改变,或者紧敏,或者舒展,这是一种有力的非语言表达方式。

4. 理解手部动作对揭秘非语言行为非常重要。在与客户交流时,避免使用冒犯性手势。

5. 动作镜像的好处在于它让你和客户之间更有默契,促进双方建立更紧密的联系,让对方感觉你们彼此有很多相似之处和共同点。

第四章

利用提问：确认客户的真实需求

在销售中，提问是一项非常重要的技能。 然而，很多人并没有熟练掌握正确的提问方式及步骤，导致无法有效地获取所需信息。 首先，你需要明确你的问题是什么，这是提问的起点。 其次，你需要将你的问题表述清楚，避免使用模糊不清的语言。 最后，你需要提供足够的背景信息，以便对方能更好地理解你的问题。 只有这样，你才能得到你真正需要的答案。

01　正确提问：让真实需求浮出水面

1. 为什么要挖掘客户的真实需求

你要知道一个真相，就是并不是每个客户都会直接告诉你自己需要什么。这是因为人的需求通常是复杂的、多样的，有时客户也不清楚自己想要什么。这就需要你像心理学家般去深入探索和理解客户的真实需求。为什么需要这样呢？有几个重要原因。

首先，客户可能存在潜在的需求，这些需求还没有被充分发掘或意识到。有时候客户可能只会向你透露部分信息，而隐藏了核心需求。通过挖掘客户的需求，可以发现那些潜在的、未被满足的需求，从而为客户提供更贴切的解决方案。

其次，客户的需求往往涉及情感层面。人的情感和感受驱动行为和决策，有时客户的需求可能与他们的情感状态、价值观和个人喜好有关。通过挖掘客户需求，可以更好地理解他们的情感需求，并提供与之相契合的产品或服务，从而建立起更深层次的情感连接和共鸣。

此外，每个客户都有其独特的个性化需求和偏好。通过挖掘客户需求，可以更全面地了解他们的个性化需求，为他们提供个性化的定制解决方案。这种个性化的关注和服务将让客户感受到被重视和尊重，从而建立起更牢固的客户关系。

最后,挖掘客户需求也有助于确定客户需求的优先级。客户可能有多重需求,但并不是所有需求都同等重要。通过细致挖掘,可以把握客户的优先级和关注点,从而更有针对性地提供解决方案,使客户感受到我们的专业和关怀。

在与客户交流,必须摒弃自己的猜测和假设,要真正聚焦在客户所表达的内容上。用开放性问题来引导对话,避免将自己的设想强加给客户。倾听他们分享的故事、观点和烦恼,深入理解他们的情感和动机。这样才能更准确地把握他们的需求,提供更卓越的客户体验。

挖掘客户需求不仅是为了了解他们的问题或要求,更是为了洞察他们内心的想法,我们的目标是要满足他们的情感和期望。因此,通过真正关心客户,认真聆听他们的需求,并据此为他们量身定制解决方案,这样的服务将使客户感受到我们的专业和真诚。

2. 与客户沟通时的提问技巧

在与客户交流时,可以从以下几个方面进行提问:

(1)客户的目标和期望

询问客户希望从你的产品或服务中达到什么样的目标或期望的结果。例如,你可以问:"您对这次合作有什么样的具体期望或目标吗?"

(2)客户的挑战和痛点

探索和了解客户面临的挑战和问题,这可以帮助你更精准地把握客户的需求,并提供解决方案。例如,你可以问:"您在目前的业务中遇到了哪些挑战?有什么让您感到困扰的问题?"

(3)客户的偏好和价值观

了解客户的偏好和价值观可以使我们提供更符合他们需求的解决方案。例如,你可以问:"您对产品的功能或服务有什么特别的偏好吗?"

(4)客户的经验和反馈

询问客户过去使用类似产品或服务的经历,了解他们的反馈和评价,以及对改进的建议。这有助于你了解客户的期望，并提供更优质的用户体验。例如，你可以问："您之前是否使用过类似的产品或服务？您对这些经验有什么反馈或建议？"

通过上述提问，可以深入了解客户的需求和期望，从而为他们提供更加个性化和有针对性的解决方案。记住，在提问时要保持开放和倾听的态度，尊重客户的意见和观点，并努力建立基于信任和理解的良好的沟通关系。

3. 销售新手的错误提问

在销售过程中，新手可能在提问时犯以下三种错误：

(1)封闭式提问，缺乏引导性

"您需要我们的产品吗？"

"您对我们的服务满意吗？"

"您想要什么样的解决方案？"

"您对这个价格有什么看法？"

"您是否有其他需求？"

这些提问方式显得过于封闭，没有提供具体的方向和线索来引导客户，也没有明确客户的评判标准，客户可能会感到困惑或不知所措。

(2)提问冗长或复杂，让客户感到无聊或困惑

"以您目前所处的业务环境中的市场竞争的激烈程度和技术变革的速度，您认为我们的产品能否提供足够的竞争优势？"

"基于您过往的购买经验以及对市场需求的了解，您是否认为我们的服务能够满足您当前业务面临的挑战？"

"请详细描述一下您对我们产品功能的期望，包括每个功能的具体细节和实施方式，以及您预期的效果和效益。"

"在评估我们的报价时，您是否对比了其他供应商的价格并考虑了我们的产品在市场上的定位？"

"请详细说明您对我们解决方案中的技术架构和系统集成的要求,包括您对安全性、可扩展性和可定制性的期望。"

这些提问不仅过于冗长和复杂,而且涉及了过多的细节和专业术语,容易让客户感到无聊和困惑。

(3)提问方式过于武断或强硬,引发客户的不适或不悦

"你一定需要我们的产品,对吧?"

"你应该尽快选择我们的服务来改变现状。"

"为什么你不选择我们的服务? 是我们哪里做得不够好吗?"

"你必须在今天做出决定,否则你将失去这个绝佳的机会!"

"你觉得我们的产品怎么样? 你肯定没见过比这更好的吧!"

"告诉我你的需求,然后我会告诉你最适合的解决方案。"

这些提问方式显得强硬,给客户施加了压力,可能会让客户有压迫感或不悦。

如果你是销售新手,你需要避免这些提问陷阱,学会用更加恰当和柔和的方式提问题,这样才能更好地了解客户的真实需求,并与他们建立更紧密的联系,最后搞定成交。

举个例子,如果你只是简单地问客户想要购买什么产品,客户可能只会提出表面需求,如价格便宜、功能齐全等。但如果使用开放性问题引导客户深入探讨背后的需求和目标,例如,"您购买这种产品的主要原因是什么?"或者"您希望这种产品能为您带来哪些好处?"等问题,这样客户可能会提出更深层次的需求,如提高工作效率、增强品牌形象等。这样一来,你就能更精准地了解客户的真实需求,并提供更有针对性的解决方案,从而提高成交率。

4. 成交高手的两大提问秘诀

在与众多顶尖销售高手的交流中,我领悟到两个关键要素,一个是"倾听",另一个就是"提问技巧"。

倾听　　　提问技巧

会提问的销售人员，不仅能把握客户的真实意图，还能在对话中拉近与客户的距离，取得他们的信任，而要实现这一目标，要记住"先倾听"的原则。

成交高手常用的两套提问策略，分别是问题引导式和反向提问式。

问题引导策略：用开放性的问题，鼓励客户充分表达自己的想法和需求。不要急于猜测或打断客户，让他们自由发言，这样你能更全面地了解他们的实际情况和愿望。

反向提问策略：从反面出发，询问客户不希望发生的情况或问题，以便了解他们真正的关注点和优先级。这种战略可以揭示客户的风险意识和对解决方案的期望，使你能够更好地满足他们的需求。

在与客户交流时，你可以提出更有深度和针对性的问题，这有助于你更深入地理解他们的需求、期望和关注点。这些策略不仅能够提升你与客户的沟通效果，还能帮助你与客户建立更亲密的关系，并为他们提供更合适的解决方案。

5. 开启合作的"引导提问"

当你首次面对心存疑虑的客户时，一套有效的"引导提问"流程是打开合作之门的关键，这个过程通常包含四个基本提问步骤。在这个过程中，要避免过多插话和过早假设，让客户有足够的空间阐述自己的看法，这样才能更准确地理解他们的实际情况和真实意愿。只有在完成这四个步骤后，才能真正打开合作的大门。

（1）第一环节：奠定提问的基础

这个环节包括两个步骤：营造氛围和双向说明。

首先要营造融洽的谈话氛围。在初次见面时，必须注意商业礼仪，确保客户感受到舒适与尊重。要主动介绍自己的公司和背景,帮助客户更好地了解你的专业能力。要表达对客户的兴趣和关心。通过查阅公开信息,可以找到合适的话题,并在对话中真诚地表达我们对客户的关注。这样不仅能拉近你与客户之间的距离,还能为后续问题奠定情感基础。

其次是双向说明。当客户表现出戒备态度时,可能会询问:"首先,请告诉我贵公司可以做什么,有什么优势? 如果这些问题不解答清楚,我们也无法提供有用的信息哦。"通过这种情况,可以先简单地介绍一下公司的业务范围、业绩和优势等,然后听取客户的建议和想法,避免在带有偏见或先入为主观念的情况下提供正式方案。

要细心观察对方的表情、语气和理解程度,随时关注对方是否理解,以便及时调整我们的表达方式和内容,避免误解。此外,可以巧妙地运用心理学技巧。比方说,利用文字和图表,提高客户对你传达的信息的接收程度。同时,根据谈话速度,适时提问,确保客户能充分理解你所传达的信息。

双向说明的关键在于避免单方面信息灌输,这样就能营造出轻松、友好的交流氛围。

心理学技巧能帮助你更好地了解客户的需求和期望,建立更亲密的合作关系。举个例子,为营造轻松的氛围,可以运用非语言技巧,比如微笑、眼神接触和适当的姿态,传达友好和信任。同时,倾听技巧也很关键。积极倾听客户的声音,让他们知道你关心他们的真实需求。情绪管理同样不可忽视。在与客户交流时,保持冷静和耐心,避免情绪失控。这样才能更好地应对客户的情绪变化,用积极的态度推进合作关系。

(2)第二环节:切入式倾听,明确客户意旨

当你成功奠定谈话基础后,接下来就是进入切入式倾听的环节。在提出问题之前,客户有可能会率先发问。这时千万不能忽略客户的问题或者打断他们,应该真诚地回应客户的疑问,随后进入倾听模式。这一环节分为两个步骤:

认真回答问题和巧妙进行开场白。

首先要认真回答客户的问题。在运用提问技巧时，关键是让客户感受到交流的轻松。回答客户问题的要点在于提供一个令客户满意的答案。如果客户感觉满意，他们就更愿意倾听你的提问。因为在心理上，当客户感到被尊重和理解时，他们更有可能与我们合作。特别是在与尚未合作的客户交流时，如果不认真回答客户的问题，只专注于自己的提问，这将极大损害你在客户心中的形象。

认真回答的前提条件是要深入洞察客户话语背后的含义。例如，当客户询问公司的优势时，应敏锐地捕捉到他们可能存在的几种考量：

"这些问题需要在公司内部进一步解释。"

"我想了解这家公司的实力，它到底能做些什么？"

"没有其他问题需要问了。"

紧接着是巧妙地用开场白引导客户表达。在回答完客户的问题之后，轮到你提问时，常常会遇到一些难以直接开口的敏感问题，如关于客户的预算、对你的公司的心理排名等问题，这些问题如果直截了当地问，可能难以得到客户的正面回答。

开场白的目的是消除客户的顾虑，促使他们敞开心扉地与你沟通。可以考虑改变提问的前提，以便客户更容易表达真实想法。例如，可以说，"假设在不受预算限制的情况下，您对我们公司的方案有何看法？"这样更容易引导客户表达真实的想法。

客户在表达观点时，往往会有所保留，原因在于有时担心他们作为员工的个人看法被误读成公司的立场。为了降低这种风险并鼓励客户敞开心扉，你可以用这样的方式回答："我知道您说的只代表您个人的看法，请您畅所欲言。"这样的开场白能减轻客户的心理负担，让他们更愿意分享自己的真实想法。

也可以主动表达自己的意图，以获得更具体的回应。比如："为了更好地帮贵公司实现目标，我想了解一下……"当询问一些敏感问题时，为避免客户产生疑虑或抵触情绪，提前表达提问意图是有所帮助的。

通过这些开场白，能够更深入地了解客户的背景信息，包括客户的目标、需要解决的问题、他们面临的挑战，以及与竞争对手和公司内部有关的信息等。这些信息将为后续的合作打下坚实的基础，有助于建立更稳固的合作关系。

（3）第三个环节：深入挖掘信息，细致倾听

在进入深度挖掘信息之前，要先学会"切入式倾听"，这个环节包含两个相辅相成的方面：深度提问和积极倾听。

在实施深度提问之前，需理解谈判中的金字塔提问结构：将最重要的信息放在顶端，而分解后的细节信息则作为用于支撑的构造。越接近金字塔的顶端，信息越抽象和概括，而越接近底端，信息就越具体、细分。

深度提问的逻辑要点如下：

• "您所表达的是这个意思吗？"——用另一种方式来表述原来的信息，以确保我们的理解准确。

• "能否具体说明一下？"——更加接近金字塔的底端，探寻更具体的细节信息。

• "您是基于什么原因考虑的呢？"——攀登至金字塔的顶端，探究更深层的原因和动机。

• "是否还有其他方面？"——通过侧面提问，有效发现可能遗漏的信息。

简洁而有效的深入提问不仅可以将对话的主导权归还给对方，还能引导他

们谈论尚未提及的话题。这其实是一种需要不断练习和完善的技巧，可以通过角色扮演等方式来进行训练。通过细致提问，能够挖掘出更多宝贵的信息，深入理解客户的需求和期望，为未来的合作打下更加坚实的基础。

（4）第四个环节：验证假设并明确要点，具体细致地"探寻"

当客户分享了他们的情况后，你的问题将更加具体和明确。用第四环节来验证你的假设，确保你捕捉到了客户的核心需求。深入倾听的同时，需要灵活运用两种心理学技巧：有条件的开放式提问和有选项的限定式提问。

首先，有条件的开放式提问是一种非常实用的方法。可以询问客户关注的问题是什么，但要注意，如果客户没有深入思考，他们可能无法给出明确的回答。因此，可以设置一些条件，构建场景式的对话，来引导客户进行更具体思考，这种方式被称为"探索式提问"，它能有效协助你获取更多关键信息。举例来说，在提问中加入"最近一个月"这样的条件，可以促使客户针对这一具体的时间进行深入思考，展开更丰富的对话。

另一种提问方式是带有选项的限定式提问。如果局限于封闭式问题，会导致谈话停滞，无法挖掘更多信息。例如直接问："贵公司是否主要关注这些问题，不知我说得对不对？"这种只有是与否选项的提问，会让客户觉得"似乎不完全如此"。更明智的是这样问："在保证下季度的营收稳定的前提下，贵公司更关注增加营收，而不仅仅是控制成本开销，对吗？"这样的提问方式不仅为客户提供了选项，而且通过探索式的方法，补充了对方可能模糊或不完整的回答，有助于找到关键信息。

这些心理学技巧需要反复练习才能掌握。可以尝试多次进行角色扮演的练习，这样才能灵活运用这些技巧。

02　提问的艺术：用问题吸引客户

1. 选项式提问，激起客户好奇心

回顾我的教学经验，我发现有些学员在向客户确认购买意图时显得过于谨慎，甚至有些心虚，最终只能尴尬询问："您考虑得怎么样了？"

试想一下，如果你是客户，面对这样缺乏自信的销售者，除非你对产品和对方非常了解，否则你很可能会有些犹豫，然后委婉地回答："我再考虑一下吧。"

真相就是，考虑就约等于失去了这一单生意。

在参加考试的时候，大多数人更喜欢做选择题而不是论述题。这是因为选择题只需要简单地勾选一个答案，符合人们天性中的懒惰和寻求便捷的心理。同样，选项式提问也利用了人性这一特点。

当你向客户提供选项时，他们会感到自己有更多的掌控权和参与度。这种选择的自由不仅使客户更有信心，还增强客户的安全感。因为他们可以在给定的选项中挑选最符合自己需求和意愿的答案。

这其中蕴含了以下几个重要的心理效应。

（1）自主性和掌控感

通过为客户提供选项，他们感受到了更高的自主性和掌控感。这种心理效应被称为"选择的认同"，客户会更倾向于接受和认同自己所选择的选项，因为它代表了他们的个人意愿和偏好。

（2）决策简化

提供选项可以简化客户的决策过程。人们在面临过多选择时可能会感到困惑和不安，而有限的选项可以减少这种认知负担，使决策过程更加容易和迅速。

（3）风险规避

选项式提问还与风险规避心理紧密相关。客户在有限选项中作决策可能会感到更安全，因为他们可以避免做出可能带来不可逆后果的错误决策或承担不必要的风险。

（4）个性化和满足感

为客户提供选项满足了他们的个性化需求。每个人的偏好和利益不尽相同，通过提供多个选项，能更好地适应客户的个性化需求，从而提升他们的满意度和参与感。

（5）参与感和合作意愿

当客户感受到他们参与了决策过程时，他们的参与感和合作意愿会提升。采用选项式提问可以鼓励客户积极参与，让他们感到自己的看法和喜好受到重视，从而增强了他们的投入度和合作意愿。

鉴于不同的客户有不同的需求和喜好，通过给客户提供多样化的选择，能够精准满足他们的期望，增强客户满意度和忠诚度。这种个性化的服务策略不仅有助于构建更深层次的合作关系，还能提升销售转化的成功率。

实战案例

在一条繁华的街上，两家小面馆面对面营业。我每天经过都会发现左边那间面馆总比右边面馆的人流量大。出于好奇，我决定去探访一下，探寻其中的奥秘。

我先走进右边的面馆。一进门，服务员很热情地招呼我坐下。我点了一碗面，不久后服务员端上来的时候问我："我们这里有鸡蛋，要加一个吗？"我欣然接受。面口感不错，服务也令人满意。

> 　　另一次,我走进对面那家面馆。一进门,服务员同样热情地招呼我坐下,我也同样点了一碗面。服务员把面端上来的时候问我:"我们这里还有鸡蛋,你要加一个还是两个呢?"我有点惊讶。同样的服务,同样面条,同样的鸡蛋,但服务员的话语却带来了不同的效果。我被这种说话技巧打动,于是要了两个鸡蛋。

　　思考一下:为什么同样是面馆,同样的服务,同样有鸡蛋,为什么左边的面馆每天能多卖出 200 个至 300 个鸡蛋?

　　第一家面馆,服务员询问顾客是否需要鸡蛋,顾客通常只会要一个或者拒绝。继而第二家面馆,服务员询问要加一个还是两个鸡蛋,客户不好意思直接拒绝,因此他们多数会选择一个鸡蛋。相比于第二家面馆,第一家面馆被顾客拒绝的概率要高很多。

　　"在 A 方案和 B 方案之间,您觉得哪个更符合您的期望?"

　　给客户几个选项,让客户选择其中一个,这就是选项式提问。这种提问方式的优势就是提供几个具体的选择,而不是让客户选择是否购买。选项式提问不仅满足了客户的心理需求,还带来了多重心理学效应,如增强了客户的自主性、简化了决策过程、规避风险以及增强参与感和合作意愿。

沟通方式模板

　　从我们的经验来看,除了您说的原因外,还有两个可能的原因,第一点是……第二点是……您觉得呢?

　　在解决×××问题上,您觉得 A 方案效果会更好,还是 B 方案呢?

　　其他客户也提出了类似的问题,分别是……和……在这两者之间,您最关心哪一个? A 方案和 B 方案,您觉得哪个更接近您的预期?

2. 迂回式提问，消除客户的戒备心

采用迂回式提问的优势，主要在于有效减轻客户的戒备心理。一方面，迂回式提问具有隐蔽性，避免直接触及客户的敏感点，从而减少客户的反感；另一方面，迂回式提问可以引导客户更深入地思考和回答问题，提高客户回答的真实性。

先从客户容易接受的问题入手，逐步引导客户去回答一个更为复杂的问题。如职业和产业趋势、个人发展规划、地区、学校、地方习俗等共同点、行业热点、客户的喜好及兴趣等，都是不错的迂回式提问话题。

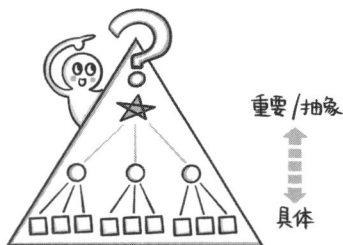

以下是几个实战场景，展示了如何使用迂回式提问与客户进行高效沟通：

（1）销售前期

①产品调研：为了了解客户对某个产品或服务的需求和偏好，可以使用迂回式提问的策略。比如，不直接询问客户是否对某个特定功能感兴趣，而是询问他们在使用类似产品时遇到的问题或挑战。这样，客户会自然地表达他们对特定功能的需求，而不会让他们觉得你刨根问底。这个方法能够更好地引导对话，让客户感受到我们在认真倾听和关心，从而为他们提供更贴合心意的解决方案。

②与客户建立联系：在建立客户关系过程中，迂回式提问可以帮助你更深入地了解客户的需求和目标，从而为他们提供更个性化的解决方案。例如，想要了解客户的目标，可以询问客户的业绩和未来发展方向，以便更好地把握客户的目标和需求。迂回提问的过程还可以分为：探索需求、澄清意图、引导思考、激发兴趣和解决异议。

（2）销售中期

①探索需求：为更准确地把握客户的具体需求和期望，可以采用这种巧妙的提问方式，引导客户描述他们所面临的问题、挑战或目标，这样有助于你更全面地理解他们的需求。

"请问您面临的具体的挑战或问题是什么，是否让您觉得需要改善？"

"您对目前的情况有什么期望或希望实现的目标？"

"在考虑解决方案时，您有没有考虑过某些特定的方面或要素？"

②澄清意图：客户有时表达不够清晰，此时，可以用迂回式提问帮助客户澄清他们的意图。通过适当的迂回式提问，可以进一步了解客户的意图，避免误解或先入为主。

"您能详细解释一下您所提到的×××具体是指什么吗？"

"您是希望解决×××这个问题还是更关注于×××方面的提升？"

"在您提到的这个需求中，对您来说最重要的是哪一部分？"

③引导思考：迂回式提问可以促使客户自主思考，并从不同角度考虑解决方案。通过提出相关问题，你可以引导客户探索可能的选项，鼓励他们更全面地思考和参与问题解决过程。

"从长远来看，您认为解决这个问题的因素里哪些会对您影响最大？"

"如果不受任何限制，您会如何优先考虑？"

"在您构思解决方案时，您是否考虑过与其相关的其他因素以及它们之间的相互作用？"

④激发兴趣：迂回式提问可以激发客户的兴趣。通过引入相关问题，你可以吸引客户的注意力并激发他们的好奇心，从而增加他们对产品或服务的兴趣和参与度。

"您是否曾经遇到过与当前目标相悖的挑战？"

"对于您来说，解决这个问题将为您带来哪些优势或益处？"

"在您的行业中,是否存在一些尚未被充分发掘的机遇或潜在的增长点?"

⑤解决异议:当客户提出异议或疑虑时,迂回式提问可以帮助你了解他们的顾虑,并找到更合适的解决方案。通过巧妙提问,你可以引导客户进一步阐述他们的疑虑,并深入探讨切实可行的解决办法。

"您对我们提供的解决方案有何顾虑吗?"

"在您所疑虑的方面,有没有其他方案或选项您觉得更适合?"

"如果我们能够解决您的顾虑,您对于我们之间的合作抱有怎样的期望?"

⑥销售谈判:在销售谈判中,迂回提问技巧可以用于获取关于客户预算、决策过程和竞争态势等方面的信息。例如,可以通过迂回询问客户在类似项目中的投资范围或预算分配方式,更清晰地了解客户的资金状况和决策依据。

"基于过去的经验,您是如何应对类似项目中的挑战的?"

"在这个项目中,通常有哪些因素会影响您对预算的决策?"

"在您过去的类似项目中,您是如何进行预算分配并考虑其效果的?"

(3)销售后期

①客户反馈收集:当你想收集客户对产品、服务或购物体验的反馈时,可以使用迂回式提问来引导客户更具体地描述他们的感受和意见。例如,想要了解客户对产品的整体满意度,可以通过迂回询问客户最喜欢产品或服务的特点或最希望改进的方面,以便获得更有针对性的反馈。

②解决客户问题:当客户遇到问题或困惑时,迂回式提问能够帮助客户更准确地定义问题的本质。例如,可以通过迂回询问客户感到不便或不满意的方面,进而引导客户描述具体问题,以便我们能提供更精准的解决方案。

这些场景充分展示了迂回式提问技巧在不同情境下的应用价值。巧妙运用这一技巧,我们不仅能够促进与客户之间的深入对话和理解,还能建立更稳固的客户关系,并获得更准确的信息和意见。在迂回提问时务必注重语气和表达方式,确保客户感到舒适和尊重,从而激发他们更积极的回应。

3. 共情式提问，缩短心理距离

有时，人与人之间会产生"化学反应"，它决定了我们与某些人能够迅速找到共同话题，畅聊无阻，甚至能成为知心朋友；而另外一些人，却总感觉与他们之间有难以逾越的沟通障碍。

提问技巧在其中扮演了重要角色。不论是在正式的访谈活动还是日常交流中，有效的提问是建立连接和深化交流的关键。共情式提问更是一种高级的技巧，能够带来双赢的效果，让双方都能从交流中受益。

共情是培养同理心的一种方法，让我们能够理解和体会他人的情感和感知。在与客户沟通时，采用共情式提问，例如关注他们的家庭、兴趣爱好，或是他们所在行业面临的挑战，都能有效地拉近你与客户的关系。这样的提问方式不仅能引发共鸣和认同，还能加强你们之间的联系，让合作更加顺畅。

在进行共情式交谈或共情式提问时，首先要学会给予。给予并不是单向的索取，因为谈话是双方的互动。即使你作为访谈者提问，你也必须懂得分享。也就是说，只有当你愿意分享自己的困难、感受和经历时，客户才会放下防备，与你分享他们的内心世界。

真诚的沟通并不需要复杂的技巧，而是需要我们积极而真诚地关注对方，以获得对方最大限度的坦诚回应。当客户感到他们被真正理解时，双方的交流就会自然顺畅。

研究还发现，具有同理心的领导者能够激发员工的潜能，而同理心强的医生治疗效果更好。对于销售人员来说，同理心亦能极大推动销售业绩的增长。

想要提出共情式问题，可以考虑以下几点：

- 关注对方的情绪状态，了解他们的处境和感受；

- 提出开放性问题，鼓励对方表达感受和需求；

- 运用倾听技巧，例如积极倾听、重述和概括等，以便更准确地理解对方的意图；

- 展现支持和关心，让对方感受到你的情感共鸣和情感支持。

推荐沟通方式

近期您的状态如何？有什么事让您感到不安或烦恼吗？

能讲讲您的经历吗？我想更好地了解您。

我能帮助您解决什么问题吗？我会尽力协助您。

您对目前的情况感到满意吗？如果有需要改进的地方，我非常期待听取您的意见和建议。

如果您需要任何帮助或支持，请随时告诉我们，我们将全力以赴为您提供帮助。

---

4. 桥接式提问，引导客户说出真心话

桥接式提问，其目的在于促使那些原本不愿意开口的人开始交流。生活中并不是所有人都会对你天然地产生信任，在与客户的互动中，我们会遇到持有怀疑、警惕态度或不善于接纳他人的个体。当尝试引导他们分享想法时，却遭遇对方的沉默，这时该如何应对呢？想要解决这个问题，就要先了解一个概念。

诺贝尔经济学奖得主、心理学家丹尼尔·卡尼曼提出了"双系统理论"。根据这一理论，人的大脑可以分为两个系统：系统一和系统二。

系统一被称为"低速挡"，它是大脑中自动、直觉和情感驱动的部分。这个系统反应迅速，近乎无意识，帮助我们在日常生活中迅速做出判断和决策。如果有人问你"一加一等于几？"你会不假思索回答"二"。当系统一在发挥作用，我们感到放松、舒适、有掌控感。

119

而系统二被称为"高速挡",代表大脑中理性和深思熟虑的部分。这个系统负责分析、推理和进行有意识的思考。系统二对不熟悉、复杂、困难或可怕的事物作出回应。棘手的数学难题或者有争议的情况都会使我们处在这种状态。此外,指责、批评,或者需要仔细消化的信息都会让大脑处在"高速挡"中。此时大脑处于警觉状态,防备之心增强。

通过了解这两个系统的作用,我们可以更好地理解人类行为和决策背后的心理机制。如果你期望客户更加轻松接纳你的产品,那就务必确保客户的大脑始终保持在系统一中。

面对那些不愿意透露信息的客户,比较强硬的提问方式,会让对方感到反感和排斥。使用适当的方式提出适宜的问题,使客户的大脑处在"低速挡"中,那么对方敞开心扉的概率就会更大一些。

当与客户交流时,使用桥接型问题就像打开一扇大门,让客户可以随心所欲地表达自己的观点。这些问题可以启发客户思考,帮助他们更清晰地阐述自己的需求。这样一来,我们不仅能和客户建立更紧密的关系,还能增强彼此之间的信任和合作。

客户形形色色,不要担心客户提出的问题多,而更应该担心客户既没有反对意见又不明确表态。遇到这种客户销售人员的提问技巧尤为重要。只有你了解市场、行业和客户,并能把故事讲好,再冷漠的沟通也可以被打破。

当使用桥接型问题时,可以按照以下结构引导对话:

(1)开场

提及共同兴趣或对对方的认可,激发对方愉悦感。

(2)奖赏

肯定对方或表达对他们观点的认同,证实谈话的价值,鼓励对方深入表达。

(3)追问

用隐含询问意图的语句追问,例如"你能再多告诉我一些吗""你能向我解释那件事情吗""那太有趣了"，让对方在不感到压力的情况下继续分享更多信息。

（4）重复

为了确认你理解了对方的意思并引发进一步探讨，可以重复对方的部分话语，以确认理解并引发进一步探讨。

（5）强化刺激

使用强化型问题以强化对方的观点或情感，例如"我们是在谈论这件事吧""你是这个意思吧"，这有助于深化对话并加强双方的联系。

我的学员嘉阳的故事，可以帮助你理解如何在实战中使用桥接式问题：

嘉阳走进客户王先生的办公室，他注意到办公室里挂着一幅山水画。嘉阳立即找到了一个共同的兴趣点，他兴奋地说道："哇，王总，您也喜欢山水画啊！我也非常喜欢传统绘画，特别是山水画。看到这幅画我心情非常愉悦。"

王先生听到嘉阳的话后，感受到了被认同的愉悦。嘉阳接着称赞道："您选择这幅画真是明智之举，它为办公室带来一种宁静和美好的氛围。"

王先生听到这些肯定的话语后，脸上逐渐有了笑容。嘉阳追问道："王总，我特别想知道您选择这幅画的原因。我相信您的审美眼光有独到之处，能否分享一些背后的故事。"

感受到嘉阳的真诚关注，王先生乐意分享更多信息。他说："其实，我选择这幅画是因为它让我联想到小时候在乡村度过的美好时光。每次看到它，我都能感受到那份宁静和纯真的氛围，仿佛回到了那个地方。"

嘉阳重复道："所以这幅画对您来说，更多的是一种情感的寄托，对吗？"

王先生感到自己的观点被理解和肯定，他更加愿意深入探讨。他回应道："没错！这幅画就是让我回忆起了那段美好的时光，也让我在繁忙的工作中找到一些宁静和平衡。"

此时，嘉阳巧妙地运用强化型问题，将话题引向工作："那我们是否可以探讨一下,如何在工作中保持宁静和平衡? 您认为在客户体验后,不愿意买单的原因是什么?"

这样的问题引起了王先生更深的思考,他回答道:"确实,我认为客户在体验后不愿意买单可能是因为他们没有真正感受到产品的价值,或者他们对市场中的其他选择更感兴趣。我们需要找到一种方法来改变他们的观念,让他们意识到我们的产品是独一无二的。"

嘉阳听懂了王先生的信息线索和暗示。他明白王先生的担忧和需求,于是提出了更多的问题来引导对话。

这样,嘉阳和王先生之间进行了更深入的沟通和互动,他们共同探讨了如何提升产品的价值以及吸引客户的方法。嘉阳运用桥接性问题成功打开了客户的心扉,并与王先生建立了良好的信任关系,为进一步的合作铺平了道路。

5. 诊断式提问,帮助客户明确需求

诊断式提问是一种有针对性的提问方式,通常用于识别和解决问题。它们通常会引导回答者提供更详细的信息,以便精确地定位问题或症状的来源。这种类型的问题通常围绕具体的情境和背景展开,并且需要具备专业知识和技巧才能提出和解决。例如:"您是在什么情况下注意到这个问题的""这个问题是否持续存在""您之前有没有遇到过这个问题",这些都是诊断式问题的例子。

以下三种情况下,诊断式问题尤其适用:一是当客户遇到问题或难题时;二是当客户提出需求或建议时;三是当客户提供不完整或模糊的信息时。

总之,在需要更深入地了解客户需求、问题或意见时,诊断式问题是非常有效的工具,可以帮助我们更精准地满足客户需求,从而提升客户满意度和忠诚度。

诊断式问题有以下几个优势:

(1)识别问题

通过诊断式问题,我们能更深入了解客户的状况和需求,就像医生诊断病

情一样。这些问题帮助我们找出问题的根源,从而为客户提供更准确的解决方案。通过诊断式问题,我们能更好地规划满足客户需求的方案。

（2）深入交流

诊断式问题通常需要回答者提供更详细的信息和进行更深入的思考,这样可以促进双方进行更深入和有效的交流。同时,也可以让客户感受到我们真正关心他们的问题并尽力帮助他们。

（3）建立信任

适当的诊断式问题展现了我们的专业知识和技能,从而建立起客户对我们的信任和尊重,促进合作关系的建立和发展。

（4）提高效率

通过精准的诊断式问题,我们可以更迅速地找到问题的根源,并据此采取有针对性的措施加以解决,从而提高工作效率和客户满意度。

6. 创意式提问,激发客户对产品的认同和期待

在《提问的力量》一书中,作者将创意型问题定义为那些可以激发想象力和创造力的问题。这种问题不仅能引导人们从全新的、与众不同的视角看待问题和提出解决方案,并帮助人们超越传统思维模式和固有偏见。创意式问题通常比较开放、宽泛,具有一定的挑战性和启示性,可以引导人们探索更深层次的问题,鼓励人们保持开放的心态,接纳不同的想法和观点,从而提升创造力。

在成交中,创意式问题发挥举足轻重的作用。它们能够让那些看似遥不可及的目标变得切实可行。通过这种问题,我们引导客户将注意力转向未来,让他们明白眼前的困境只是暂时的,而非永恒的。这有助于培养客户的信心和期待,进而提升他们对产品或服务的兴趣和认同。这种方法无疑为成交增添了更多色彩和可能性。

以下是一些从专业销售人员角度出发的提问方式：

（1）挖掘潜在需求

"除去我们已经聊过的需求，您是否还有其他需要关注的方面？"

"在您的行业中，哪些是具挑战性的问题？"

"基于您公司未来的目标和计划，我们如何才能更好地支持您业务增长？"

（2）激发想象力

"如果您可以实现一个的愿望，您希望我们的产品或服务为您做什么？"

"您是否曾经采取过一些非传统的方法来解决类似的问题？"

"在您的行业中，您认为有机会对哪些方面进行创新和改进？"

（3）推动行动计划

"基于我们的交流，您对我们的产品或服务感兴趣吗？我们可以怎么帮您下决心购买呢？"

"让我们共同制订一个行动计划，确保我们的产品或服务能够为您带来最大价值，您觉得怎么样？"

"我们可以为您提供关于产品的最佳使用建议，能帮您更发挥其潜力和优势。这符合您的期望吗？"

03　促进成交的四步提问法

为达成交易并建立长期合作伙伴关系,可以采用一种被称为"解决问题式提问"的策略。这个策略的核心是了解客户公司的目标,并为他们提供量身定制的解决方案。如果我们能巧妙地运用这个方法,那么交易成功的机会将显著增加。

"解决问题式提问"的关键在于从客户那里获取重要信息,明确问题的重要性,进而提供解决方案。只有真正了解客户的问题,才能给出真正可行、行之有效的解决方案。

"解决问题式提问"的关键技巧在于,面对那些通常不轻易透露信息的客户,我们要在深入挖掘问题的同时,与客户展开深入的讨论和对话,充当他们解决问题的合作伙伴。

1. 第一步:把握现状的提问,揭示客户面临的挑战

在这一步,我们需要持续进行对话,营造积极的沟通氛围。一旦这种氛围形成,我们应迅速而巧妙地引导对话,以了解客户所处的立场和当前状态。

我们可以通过以下方式发起对话:

- "最近,您是否面临了一些挑战或难题?"

- "您能告诉我这个项目的背景信息吗?"

这样的提问方式可以帮助我们探寻客户对当前状况的满意度。如果客户表达了对现状的不满,那么这一不满是非常重要的信息点,它为我们提供了了解客户困惑和需求的机会,为后续提供解决方案奠定了基础。

2. 第二步:深入提问,挖掘客户不满的根源,构建信赖与期待

如果你察觉到客户对现状不满,就应该立即探寻原因,深入挖掘客户的困惑和烦恼。以下是一个对话示例:

销售人员:"最近您分享了今年的规划,可以具体展开讲讲吗?"

客户:"我们目前正在努力理顺标准操作程序。"

销售人员:"原来如此。那这个过程中是否有什么特别需要讨论或解决的问题?"

客户:"实际上我们目前面临着一个挑战……"

这时客户的语调发生了变化,甚至透露出一些抱怨的情绪,例如客户说:"实际上……还没解决。"这些抱怨是客户不满的直观体现。

对于客户的不满,如果你能及时有效地解决,你在客户心中的价值将会大大提升。通过不断深入挖掘,客户所遇到的问题逐渐清晰,这为你提供了绝佳机会。

如果我们不先深入了解客户的问题,就直接给出解决方案,客户可能会觉得我们在强行推销。因此,我们要先了解客户的需求,再给出精准且有针对性的建议。通过深入探究来发现问题的重要性,有助于提供更贴合客户需求的解决方案。

3. 第三步：察觉式提问，评估问题的重要性，共筑合作伙伴关系

在了解客户的抱怨和不满后我们需要通过察觉式提问来与客户一起探讨这些问题的重要性。我们需要引导客户思考以下问题：烦恼不满是一个关键的挑战，还是相对次要的事情？是否迫切需要解决这个问题以推动业务的发展？

察觉式提问的关键在于将对话的焦点从当前转移到未来，帮助客户从更长远的角度审视问题。以下是一些提问的逻辑要点：

· "几年后，您希望达到什么样的状态？与现在相比有何不同？"

· "对于您目前面临的问题，您是否愿意长期忽视它而不去寻求解决方案？"

· "请想象未来，并从那个画面回溯到现在，您是否觉得当前潜在的问题会变得更加突出和紧迫。"

在引导客户展望未来时，之前提到的"开场白"技巧也非常有效。使用"如果/假设……"等句式，可以更好地引导对话转向未来。

4. 第四步：关联式提问，构建与客户沟通桥梁

对于客户来说，你的价值在于解决问题。在重申问题之后，提供解决方案之前，有一个不可或缺的技巧是关联式提问。这种提问方式不仅能帮你深入了解客户需求，还可以有效与客户建立联系。

例如，如果你希望了解对方对某个产品或服务的看法，可以使用以下关联式提问来引导对话：

· "如果我们的产品/服务能够帮助您实现今年的目标，您是否会考虑与我们合作？"

· "如果我们达成合作，您认为最需要关注的是哪些方面？"

· "如果您想改进这项服务，您会倾向于采取哪些具体的措施？"

这样的提问方式能使客户更深入地思考为你提供宝贵的反馈，从而让你精

准满足客户需求,提升客户满意度。

> ### 实战案例
>
> 　　我有一个学员叫陈阳,他是一名保险代理人。他曾经跟我说过自己的困扰——客户总是对他保持戒备。经过我的指导,他学会了利用提问来降低客户的防备。这一招在保险销售中确实非常有效。
>
> 　　陈阳在推销保险产品时,总是希望能了解客户的家庭情况,以便为他们推荐更适合的险种。于是他通过迂回提问来达到这个目的。例如,他会这样与客户开启对话:
>
> 　　"您的孩子上学期间,您平时会开车接送他们吗?"
>
> 　　这个问题看上去很寻常,不会引起客户的警觉。接着,陈阳巧妙地引导对话,逐步深入主题:
>
> 　　"开车接送孩子有时确实会让人感到疲惫,我听说有些家长在接送孩子过程中,因为没有安全保障,孩子出了点小意外……"
>
> 　　随后,陈阳会自然地询问客户有没有关注过类似事情,或者对孩子是否采取了保护措施等问题。通过这种迂回式提问,陈阳可以在不引起客户警觉的情况下,逐渐了解客户的家庭情况,并据此为客户提供更加个性化的保险建议和服务。
>
> 　　陈阳通过一个简短的问题,以及渐进式追问,逐步将客户引导到敏感问题的回答。在此过程中,他避免了直接提问可能引发的反感和抵触,还增加了客户与他的互动性和信任感,从而提高了成交率。

04 利用心理惯性，让客户只能说是

1. 让大脑从说"不"到说"是"

不管你想传递何种信息，其最终的接收者都是大脑。因此，深入理解大脑的构造，对全面认识自我以及人性至关重要。

我们的大脑结构复杂，大致可以划分三个层次。在极少数情况下，这三个层次会互相协作，然而在大多数情况下，它们各自为政，遵循不同的逻辑与反应模式。

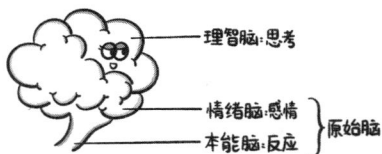

很多行业新人在初见客户时不知如何开启对话，好不容易锁定目标客户，却只能生硬抛出诸如"请问您对某某产品感兴趣吗""是否考虑接受我们的服务"之类的问题。面对这样的问题，客户会本能地回答"不"或者"没有"，从而在对话的起点就遭遇了阻碍，难以进一步深入交流。

销售高手可以化解客户的疑虑，他们的秘诀就是尽量避免谈论让对方说"不"的问题。在谈话之初，确保客户说"是"。因此，在成交之前，他们早已准备好让对方说"是"的话题。尤为关键的是获取对方第一个"是"，这是顺利成交的关键。

销售专家邓肯在其销售生涯中,有一个独特的策略:他倾向于提出那些易于让客户回答"是"的问题。这一策略被证明极为有效,每当他连续抛出几个这样的问题并得到客户的肯定回答后,再进一步探讨购买相关的话题,客户往往也会继续表示赞同,这种积极的势头一直延续,直至交易圆满达成。因此,邓肯聘请了一位资深的心理学专家,共同设计了一系列精妙的问题,每一个问题都旨在引导潜在客户自然而然地回答"是"。凭借这一策略,邓肯成功斩获了众多大额保单。

这其实是心理惯性在起作用。在对话的开端就让客户说出"是",能够悄然间将客户的心理引向正面的轨道。这就像棒球运动员击球,向前挥棒击球相对容易,但要使球按特定方向反弹回来,难度则大大增加。同理,如果一开始就让客户说出"不",那将对销售进程极为不利。

美国心理学家阿弗斯特在《影响人类的行为》中说道:"一个'不'的反应,是最难克服的障碍。一旦一个人说出'不'以后,出于自尊心,他总是会固执己见。可能过后他会觉得当时的'不'是不恰当的,然而当时他必须要坚持。所以,一开始使人采取肯定的态度极为重要。"

2. 引导客户持续说"是"的三个步骤

(1)语言同步,拉近距离

了解客户常用的词汇、表达方式等,随后在与客户交流时运用类似的语言,使你的语言风格与对方同步。例如,当客户表达某个观点时,我们可以给予他们积极反馈,或者进一步说"我们的看法不谋而合""您真是说到我的心坎里了",通过这类共鸣性的语言,在谈话中营造积极、融洽的氛围。

(2)行为同步,深化共鸣

为了与客户建立更深层次的共鸣,你需要学会使用非语言行为加强与客户的连接,减少沟通中的阻碍与拒绝。这涉及视觉、听觉和感觉等多个层面的互动。一个有效的方法是运用"镜像原理",以展现出你对对方的关注和理解。例如,在交谈过程中,如果客户自然而然地注视或关注某个物体,那么你也可以自然地将目光投向那里,这种细微的同步动作能够在潜意识层面拉近双方的距离,从而使交流更顺畅。如何将镜像原理应用在沟通环节,在本书的第三章有详细讲解,这里不做赘述。

（3）巧妙设置二选一封闭式问题

与开放式问题相比,向客户提出二选一的封闭式问题更能得到肯定的答案。开放式问题是指那些没有明确指向性的宽泛询问,比如,"您今天下午有时间吗?"如果你这样向客户提问,客户很可能会回答"没有时间"。而当你改为设定选择范围的封闭式问题,如"您下午三点有时间,还是下午五点有时间?"这样的提问方式将客户的注意力引导至具体的选项上,不管客户选择哪个选项,都是对我们提问的肯定。

所以,在销售的过程中,要灵活运用封闭式问题,通过精心设计的选项来引导客户的思维,确保对话始终沿着积极肯定的方向前进,最终促进交易顺利达成。

要点回顾

1. 挖掘客户需求的过程,实际上是探索其内心世界的旅程,了解他们的梦想、目标、挑战和痛点等。

2. 客户常常会有所保留。原因在于他们担心个人意见被误解成公司立场,从而带来不必要的麻烦。你需要营造出一种安全的环境,让客户敞开心扉。

3. 为客户提供几个选项,引导他们做出选择。这种方式巧妙避开了直接询问客户是否购买,转而让客户在提供的选项里选择,使对话顺畅自然。

4. 掌握提问技巧是关键。共情式提问尤为强大,能够带来双赢的效果,让双方都能从交流中受益。

5. 诊断式问题适用于以下三种场景:一是客户面临问题或难题时;二是客户提出需求或建议时;三是客户提供不完整或模糊的信息时。

6. 在成交过程中,创意式问题有很大的作用。它们能够打破时间的束缚,让那些看似难以实现的目标变得切实可行,从而加速成交的进程。

7. 预先准备一系列让对方说出"是"的话题。尤为关键的是努力争取对方第一个"是",因为它是交易成功的关键。

第五章

业绩倍增：揭秘70%转化率的成交秘诀

为什么有人能轻松促成交易，每聊必成，而你却屡遭拒绝，每谈即散？ 本章将深入剖析，逐一拆解背后原因，助你优化影响成交的关键环节。

这些小技巧需灵活运用，要根据实际交易场景进行微调，不能生搬硬套。 不要怕失败，不断实践，熟能生巧，将技巧内化为本能。 当你能够轻车熟路，自然而然地使用这些技巧时，你会发现引导客户选择你的产品竟是如此得心应手。

01 识别客户买单的黄金信号

1. 客户最容易动心的三大购买契机

（1）客户遭遇难题，亟待解决之时

客户感到困扰时，他们通常会更加愿意支付费用以解决这个问题。比如，一位客户有严重的睡眠问题，一旦你向他展示一款高品质床垫，并强调这款床垫可以提供优质的睡眠体验，解决他的睡眠问题时，客户大概率会表达出购买的兴趣。你提供的是他们迫切需要的"解药"，而非单纯强调产品的优越性。避免陷入产品自夸的误区。

客户的需求与产品的优劣是两码事，很多销售人员都忽视这一点，认为只要产品好，客户就会购买，所以他们面对客户时，常常会滔滔不绝列举自己的产品质量好，比如设计美观、材料扎实、操作简便等，导致努力与成效不成正比。

客户购买锤子不是因为喜欢锤子，而是为了能够在墙上钉钉子。同理，客户购买产品的驱动力不是产品本身，而是因为产品可以为他们解决实际问题。

135

说服客户时要换位思考,站在客户的角度上,真正为客户着想。深挖客户的需求,让客户意识到这个产品确实能够解决自己的痛点,那么客户购买的可能性就会大幅提升。

在企业培训时,我经常会问以下这个有趣的问题,得到的答案也是五花八门。假设你在河的一边,你的目的地是河对岸时,河上有镶金的桥、镶银的桥、木头桥和石头桥,你选择走哪座桥?

多数人可能会被桥梁奢华的外表吸引。正确答案是选择离目的地最近且最安全的桥。

如果是你,你会选择哪座桥?

(2)展现明确回报,触动客户购买心弦时

如果你能清晰地描绘你的产品或服务能提供的具体回报和价值,那么客户就能直观看到这些优势,并愿意为之付费。例如,一家企业需要提高员工的效率。当销售人员向这家企业介绍了一款专为提高员工效率而设计的培训课程,并强调该课程将显著提高员工工作效率和公司能得到的其他回报时,企业可能会立即决定购买。

与客户沟通的过程中,多描述客户使用产品的美好场景,能有效促使客户买单。比如与购买房屋的客户交谈,可以多描绘客户住在该房屋的各种生活场景:坐在宽敞明亮的客厅里与家人欢聚;坐在卧室的飘窗上沐浴阳光、欣赏窗外美景;沉浸在书房的静谧中专注阅读等。

这些美好的想象会让客户增强了代入感,从而提升产品的吸引力,让购买行为水到渠成。

(3)客户感到紧迫时

当客户面临紧迫性情境和时限压力时,他们通常会加速决策并支付费用,以确保能够及时得到所需的产品或服务。比如,一位顾客在购物中心发现了一件心仪的衣服,却得知这是最后一件,且折扣将于次日失效。于是他立刻决定购买。这种"时不我待"的紧迫感，就是顾客即刻行动的关键动力。

客户在沟通过程中还会释放出三个信号，在和客户沟通时，你应敏锐捕捉这些线索，灵活调整沟通策略，引导客户购买。

2. 捕捉成交意向信号

（1）言语信号

客户在销售洽谈过程中可能直接通过语言表达购买意愿。这是一种明显且容易察觉的成交信号，需要格外留意。例如，当客户对产品感兴趣时，他们可能会问："我能试用一下你们的产品吗？"或者询问产品的售后服务情况，他们也可能称赞产品或者提及他人的推荐。要敏锐地捕捉到这些言语信号，然后立即行动，推动交易的完成。

（2）表情信号

表情信号是客户在销售洽谈过程中通过面部表情表现出来的成交信号。这是一种无声的语言，它能够表现客户的心情与感受，表情细腻而复杂，具有迷惑性。客户在聆听介绍商品时，表情专注、不断点头或者面带微笑等，这些表情信号说明客户接纳了你的销售建议，应抓住时机，引导客户进入付费流程。

（3）行为信号

行为信号是客户在销售洽谈过程中通过行为表现出来的成交信号。这些行为是客户内心想法的外在反映。例如，如果客户有意购买电脑，在听完你的介绍后，他可能会靠近产品、触摸它、详细查看说明书，甚至要求测试软件等。这些行动明确表明了他的购买意向，应该及时抓住机会促成交易。

有时信号可能并不直接明了，比如客户突然又坐回椅子上，不肯直接付款，但是又不愿意离开，问其他的问题，或者是关心一些售后问题，如交货时间、维修条款。其实客户的每句话、每个动作，都在告诉你他们对商品多感兴趣。尽管这些信号不总是十分明确，但要留意每一处细节，解读客户的种种信号，果断提出下一步的建议，把握成交主动权。

02 客户从好奇到成交的五个阶段

客户从好奇到成交,会经历五个阶段,理解并准确匹配这些阶段,你会更快地找到和客户沟通的最佳方式,从而加速交易进程。

1. 兴趣和善意萌芽

当客户展现出对产品的兴趣与友好态度时,具体表现多样。比如,客户问产品的多样用途,表明他开始对产品的功能感兴趣;又比如,客户邀请我们共进午餐进一步交流,等等,这些细微之处都是客户在向我们释放善意。

此外,客户称赞道:"你真是个不错的销售人员,对产品了解得如此透彻。"这也是客户表达善意的直接方式。

还有一种积极信号是,客户主动拿起产品仔细端详,对产品说明书认真研究。这些行为都表明他开始对产品产生兴趣,愿意进一步了解与接纳。

2. 讨价还价

当客户直接提出诸如"能否再优惠些""最低价是多少""能否开具发票"以及"能否赠送些什么"等问题时,这些问题实际上都是在进行价格谈判,即我们通常所说的"讨价还价"。这些行为明确表明客户已经认可了你的产品,他们之所以讨价还价,更多的是在寻求一种性价比更高的购买体验,而非单纯追求低价。因此,这往往是成交前的积极信号,意味着你可以着手准备促成交易了。

面对客户的议价请求,你应该坚守原则,但也要展现出灵活性与诚意。不妨这样回复客户："关于价格，我们公司有严格的规定，所有产品的定价都是统一的，且合同模板也是标准化的。不过，为了表达我们的合作诚意，我们可以为您提供一些额外的帮助或增值服务。至于产品价格本身，确实无法再做调整。"

这样的回答既坚持了原则，又通过提供附加价值的方式给予客户一定的心理补偿。同时，你也可以适时地向客户提出合理的期望，比如询问他们的订购数量、是否有可能增加订单量，或是询问他们是否能尽快确认订单等，以此作为双方进一步谈判的基础。如果客户不能给出更为积极的回应，那么我们也不必勉强接受其议价条件。

3. 关注交期与售后

当客户询问订单的完成时间、售货条件、物流方式及到货时间等细节时，这实际上是他们在关注交易的交期与售后服务，标志着客户对产品已有了初步的认可，接下来只需就具体细节进行深入讨论即可。

在回答关于交付期的问题时，为展现专业性与可靠性，应避免直接给出简单的如"一周内出货"这样的答复。相反，应构建一个清晰、有序的合作流程框架，向客户详细说明合作过程中的各个阶段。例如，可以这样回应："关于交付期，我们会按照公司（团队）的 SOP（standard operating procedure，标准作业程序）行动。第一个阶段，一旦确认订单，我们会立即启动生产准备程序，包括材料采购与生产计划制订；第二个阶段是生产阶段，我们会严格监控每一个环节以确保质量与效率；第三个阶段，在生产完成后，我们会迅速安排物流，并为您提供实时的物流跟踪信息。整个过程我们都将与您紧密沟通，确保每一步都按照预定计划顺利进行。"这样的回答方式，不仅回答了客户的疑问，还向客户展示了你的专业能力和对合作的重视，从而增强客户对你作为合作伙伴的信任感。

4. 开始放松与咨询他人

当客户突然表现出放松的姿态，或是发出轻轻的叹息，这往往是一个信号，表明他们不再愿意继续维持那种紧张对峙的状态，不再执意通过强硬的态度来争取更多的利益。这种转变往往源于他们认识到，僵持并不能带来实质性的优惠，同时他们也认识到你的产品正是他们所需要的。因此，这种表现实际上是一种内心的妥协与接受，表明客户愿意放下戒备，以更开放和合作的态度来推进双方的交易。

5. 细节探讨与成交暗示

客户主动致电，询问何时方便见面以进一步讨论细节，这无疑是一个强烈的信号，表明他们已基本接纳了你的产品或服务，只差最终确认这一关键步骤，这意味着成交在望。

然而，有些人在这一关键时刻可能因缺乏敏锐的洞察力而错失良机，继续滔滔不绝地介绍，未能捕捉到客户释放的成交信号。实际上，在接近成交的阶段，过于健谈可能反而不利，此时应适时收敛，将对话引导至成交环节，通过直接而有效的谈判来促成交易。

在线下交易中，能够直接观察客户的面部表情、语调变化、肢体语言乃至衣着细节，从而更准确地把握其心理动态。但面对线上交易，如何成交则成了一个新的挑战。在本书的最后一章，我将详细阐述在线上环境中如何运用策略与技巧，把握每一个线上成交的契机。

03　从动力窗到心理账户，让客户心甘情愿成交

1. 巧用动力窗原理，促使客户迅速决策

（1）双窗启示录

假如你是一个卖房子的销售人员，正在带着一对夫妻看一处海景房。海景房价格适中，在房子的客厅有两扇窗户，一扇窗户朝向大海，推开窗户，清新的海风吹来，眼前就是一望无际的大海和金色的沙滩，蓝蓝的天空让人感觉非常惬意。但另一扇窗对面就是一个垃圾处理场，一打开窗户就是一阵恶臭，映入眼帘的是成堆的垃圾。如果想把房子卖出去，你会打开哪扇窗？

世间万物皆具两面性，关键在于如何巧妙展现其利，隐藏其弊。这就要洞悉人性，引导决策。要善用动力窗，需深刻理解人性：每个人都向往快乐，逃避痛苦。每个人都有各自的喜好与厌恶。那些能带来喜悦、成功、幸福、健康与温馨的事物，备受欢迎；而那些带来肮脏、恐惧、伤害与损失的事物，则令人避之不及。

141

每件事都有利弊,动力窗就是熟练分析购买的好处、不买的坏处。反复强调使用它的好处和不使用它的坏处。

在销售过程中,需要巧妙运用动力窗,将购买产品的好处与不购买产品带来的坏处放大。通过描绘购买产品后的美好图景,激发客户内心对快乐的渴望,让他们迫不及待想要拥有这份快乐;同时,也可以让客户感受到错失良机的代价。这样双管齐下,客户的购买欲望被迅速点燃,最终顺利成交。

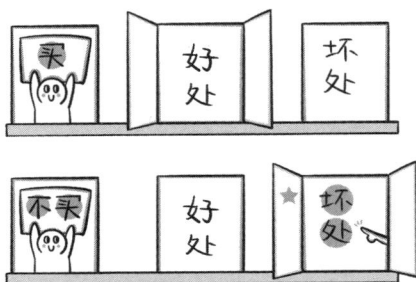

成交高手在运用动力窗时,不仅擅长直接分析利弊,更懂得通过巧妙设置问题,引导客户自我思考,得出有利的结论。他们擅长调动客户的情绪,让客户在不知不觉中跟随他们的节奏,做出符合期望的决策。这如同在客户心中播下一颗种子,让其权衡利弊,自然而然地选择我们,忽视竞争对手的存在。

举例来说,假如我是销售人员,你是客户,我问你:"掌握成交技能究竟能为你带来哪些好处呢?"你可能回答:"可以帮助我提升业绩、实现工作高效化,让成交变得更加轻松自如。"

紧接着,我进一步引导你思考:"那么,如果不去学习并应用这些成交技能,又可能会面临哪些不利后果呢?"此时,你会说出各式各样的答案:"可能会导致业绩持续下滑,甚至面临失业的风险;客户可能会逐渐流失,最终影响到个人的经济收入,生活变得拮据。"

通过类似这样的互动引导,促使客户深入思考使用特定产品所能带来的正面效应与不使用它可能带来的负面后果。这个过程使他们开始认同并接受这些观点。事实上，转变一个人的行为往往从改变他的观念开始，这正是"动力窗互动式引导"策略的魅力所在。它不仅让客户发现产品的核心价值，还极大地增强了他们购买产品的意愿与决心。

这个过程需要不断练习。在每个练习的深入探索中，都能发掘支持自己做出明智决定的有利理由与独到见解。这些观点如同种子，在心内生根发芽，逐渐演化为一种稳固的心理锚点——心锚。一旦心锚牢固建立，它便能赋予你一种持久而深刻的体验，成为你决策过程中不可或缺的指引力量。

你也可以试着做几个练习：

读书会给你带来什么好处？

不读书会给你带来什么坏处？

学成交会给你带来什么好处？

不会成交会给你带来什么坏处？

企业做营销设计会给你带来什么好处？

企业不做营销设计会给你带来什么坏处？

这样的练习可以生成有利于你做决定的理由和观点，而且这个观点会慢慢成为心锚。值得注意的是，心锚一旦成立，就会带给人们永久性的体验。

（2）动力窗与心锚融合：无懈可击的成交利器

如何将动力窗与心锚巧妙结合呢，首先需了解心锚的形成机制。在日常生活中，一些事物能够瞬间触发人内心的特定情感或联想，这些能够激起独特心理反应的元素，无论其正面或负面，我们都称之为"心锚"。也就是说，人内心的种情绪，与某个行为、动作或表情建立了链接，产生了条件反射。

在日常生活中，心锚随处可见。例如我在和朋友的某次内蒙古自驾旅行中，品尝到了内蒙古的美食，欣赏了内蒙古的美景。旅行结束后，在网上冲浪时，内蒙古、草原等词都会让我想起曾经在内蒙古自驾中的美好心情。

建立心锚的方式也很常见,可以分为两种:

一种是将一句话分成两句讲,线下课的老师经常利用这种方式。在台上只讲前半句,然后用一点肢体语言做暗示,让台下的学员讲后半句。例如,老师在台上讲上半句"因为——你不——理——财……"然后抬手示意台下的学员讲下半句"财不——理——你"。

另外一种则是运用语气、措辞和动作。比如脱口秀演员在台上略显拘谨地把玩标志性的斜刘海时,你可能就会情不自禁地哈哈大笑,这显示出你的愉快情绪与脱口演员的动作诱因形成链接。

心锚通常有以下特性:

独特性:该诱因在特定情境下异常鲜明,不会让用户混淆与遗忘。

一致性:在初次建立心锚后,后续以相同的方式、力度和形式建立诱因。

多样性:心锚的构建不是单一的感官刺激,而是巧妙融合视觉、听觉、触觉等多重感官体验,使感受更加丰富饱满,深入人心。

值得注意的是,上述特性虽非建立心锚的必要条件,却可以帮助我们更快、更稳定建立心锚。在社交营销领域,尤其是微信社群中,常能见到他人利用图像、文字及固定的交流模式等手段,不断重复刺激群内用户,这正是心锚应用的一个生动实例。

此外,浪潮式发售策略也体现了心锚理论的精髓。通过精心策划的朋友圈文案,引导客户在发布内容前爆发购买欲望,抢购一个产品、课程、服务、资格或名额，等等。这一过程，实质上是通过之前朋友圈内容的铺垫与暗示，用户潜意识中被种下心锚，最终在合适的时机触发条件反射，做出消费行为，从而实现精准高效的营销目标。

（3）四个步骤，种下深层心锚

既然心锚在人际交往中效果显著，那如何建立心锚呢？以下四个步骤将引导你如何有效地建立影响终身的心锚：

第一步：营造特定身心状态。要成功建立心锚，首要任务是确保对方的身心处于一种特别状态中。这种状态的强度直接决定了心锚的稳固性，状态越强烈，建立心锚越容易，失效的可能性则越小。反之，若对方在建立心锚时心不在焉或胡思乱想，心锚就无法建立。

寻找时机：建立心锚需精准把握时机。最理想的时机是客户处于强烈且正面的情绪状态之中。然而，这种状态可能难以预测，此时可以运用动力窗原理，通过巧妙引导，使客户的情绪在正面波动中，从而为心锚的建立创造有利条件。

第二步：捕捉情绪高峰。应在客户情绪达到最高峰时，立即施以诱因。过早或过晚介入都可能削弱心锚的效果。你需要细致观察客户的情绪变化，准确判断其达到强烈状态的瞬间，并在那一刻迅速而准确地提供诱因。

寻找与创造情绪：应了解并预测目标群体的情绪变化规律。观察其生活习惯和工作模式，再尽可能结合可以找到的相关数据，可以更准确地把握客户的情绪周期。然而，寻找情绪虽然简单却易出错，相比之下，创造情绪则具有更高的可控性和准确性。

第三步：确保诱因的独特性。诱因的独特性是建立有效心锚的关键。提供的诱因必须清晰、独特，以便大脑能够迅速识别并与之形成牢固连接。如果诱因过于普通或常见，大脑便无法将其与特定情绪状态区分开，心锚也就无法建立。因此，在提供诱因时，应尽量避免使用日常行为或习惯动作，而是通过改变力度、方式或结合多种感官元素来增强其独特性。

调用历史情绪：除了捕捉和创造当下的情绪外，你还可以尝试调用客户曾经的良好情绪。这些情绪如同未精确化的锚点，通过恰当引导和回忆，可以将其重新激活并与动力窗相结合，使客户暂时沉浸在正面的情绪中。

第四步：保持诱因的一致性。为确保心锚的稳定性和持久性，提供的诱因必须保持高度一致。无论是位置、力度还是形式上的细微变化都可能影响心锚的效果。因此，在每次重复诱因时都应确保准确无误。

世界潜能激励大师安东尼·罗宾是使用心锚的高手，他可以轻松使听众进到某种情绪中，每当他将听众带入这种状态时，他就会举起手，做一个招牌动作，然后以饱满的情绪喊出"是"。同时会让现场所有的灯光一齐闪亮，从而将听众的强烈情绪与他的动作、声音和灯光效果相锚定。

不妨回想你的经历，之所以你在"不经意间"被成交，其中的奥秘就是人性无法违抗，成交高手就是利用这一点，带客户逃离痛苦，追求快乐，结果是客户自己主动要求成交，不知不觉积极买单。

2. 巧用心理账户

你是否曾思考过，客户并非真的不愿购买你的产品，而是他们心中那把衡量价值的尺子——心理账户在发挥作用。举个例子，使用信用卡购物时，人们往往更为大方；而换成现金付款，即便是同样的金额，也会让人再三斟酌、犹豫不决。这背后，便是心理账户在发挥作用。

（1）心理账户是什么

心理账户的概念是芝加哥大学的行为经济学家理查德·塞勒提出的，他因为行为经济学的研究获得了 2017 年诺贝尔经济学奖。他认为，除了人的实际

账户外,在人的头脑里其实还存在着另一种心理账户。为真正理解心理账户,设想在以下两种情境中你会如何决策:

场景一:你花 100 元买了一张演唱会门票,出发之前,你发现门票不慎遗失,你还会去听演唱会吗?

场景二:你花 100 元买了一张演唱会门票,出发之前,你发现自己 100 元的现金丢了,假设演唱会门票能退,你还会去听演唱会吗?

上面的实验是由国外知名大学教授提出的,通过测试发现,在场景一中,多达 88％的受试者选择不会再买票听演唱会;而在场景二中,100％的受试者会去听演唱会。

这两个场景中,受试者本质上丢的是等价物,也就是价值 100 元的门票和 100 元现金,但受试者会把两个等价的丢失物放进两个完全不同的心理账户。

第一个场景中,你会觉得自己其实是花费 200 元买票,本来只需要 100 元就能解决的问题,现在需要多花 100 元,为此额外付出的 100 元会被全部放进“音乐会门票”这个心理账户。所以 88％的人会觉得这样不值得,于是不愿再次掏钱买票。而第二个场景中,你觉得自己丢失 100 元,和门票无关,这丢失的 100 元进入了和演唱会门票无关的“现金”心理账户,所以不影响听演唱会。从这可以看出,人在等价的选项前,受心理账户的影响作出了完全不同的决策。

经济学有一个经典的假设——人皆理性,诸多经济学原理均在此假设之上成立。然而,近年来兴起的行为经济学却另辟蹊径,专注于探究个体在经济决策中的非理性行为。这一新兴分支与心理学紧密相连,它触及了人类心理的微妙层面。

个体在面临决策时,似乎并行运作着两套系统:一套是遵循经济学逻辑的理性算法,它假定每一块钱都是等价的,可相互替代,只需关注其绝对值;另一套则是与心理学有关的算法,在这种算法中,每一元钱都被赋予了独特的情感色彩和用途,每一元钱可能源自不同的心理账户,并遵循着专款专用的原则。实际上,指导人们日常消费决策的,往往正是这套非理性的心理学算法,与心理账户密切相关。

心理账户效应,尽管听起来专业和深奥,实际上不过是每个人在消费时内心的一场微妙博弈。购物之际,我们心中悄然建立起一本无形的账本,将资金细分为若干部分,每部分都承载着特定的目的与意义。我们根据用途、情感等因素,将钱分配到不同的心理账户之中。我们在生活中设立不同账户以应对日常开销、家庭投资、个人发展及社交娱乐等。有时,消费者看似不愿消费,实则是因为某件商品恰好落到了他们心理上不愿轻易动用的账户之中。

价格往往是人们消费最直观的判断依据之一。譬如,一件衣物单纯从标价来看,可能会感觉其价值超出了自己的预期,显得较为昂贵。然而,若这件衣服被赋予了特殊意义,比如把它作为赠予亲人的礼物,则其在我们心中的价值便发生了质的飞跃。我们愿意为这份深情谊意买单,认为这样的支出是物超所值的。这一心理过程,就是价值从物质消费(低价值账户)向情感投资(高价值账户)的微妙转化。

进一步观察日常消费习惯,不难发现心理账户划分影响着人们的决策:

"为何认为 500 元的不知名品牌昂贵,而 1000 元的大牌却划算?"因为品牌认知构建了不同的价值评估体系。

"为何人们在超市满载而归不觉花费多,却对 5 毛钱的购物袋斤斤计较?"因前者被视为正常消费,后者则触动了"额外支出"的敏感神经。

"为何人们花费 300 元用于服饰、美妆等慷慨大方,10 元快递费却让人难以接受?"这反映出人们对直接消费与附加费用的心理区分。

"为什么外出就餐千元不眨眼,外卖不凑满减就难受?"这是因为外出就餐被视为一种享受体验,而外卖满减则关乎"占便宜"的心理满足。

这些例子生动地揭示了人们在消费时如何根据心理账户的不同,对价值感知产生显著差异。简而言之,对于消费者而言,衣服、包包、口红等物品,无论其标价如何高昂,都符合人们的消费心理预期,因此购买时毫不迟疑,认为物有所值。相反,运费这类额外费用,原本并不在人们的消费计划中,一旦需要额外支付,便会不情愿接受,认为它打破了原有的消费预算平衡。

在实际应用中,心理账户成为指导营销策略的重要工具,其核心在于精准把握两个关键方向:

一是正向激励策略:通过巧妙的营销手段,让客户在特定的心理账户中感受到这笔消费的高性价比或超值感,从而激发其购买欲望。简而言之,就是让客户觉得"这笔钱花得值",进而心甘情愿地为此买单。

二是反向激励策略:利用心理账户的损失厌恶心理,使客户意识到某种行为将导致其心理账户中的价值减少或产生不必要的损失。这样能够有效地引导用户的行为,促使他们避免那些可能带来负面心理体验或经济损失的行为。

（2）客户最愿意慷慨解囊的心理账户

"意外所得"的账户。人们倾向于将劳动所得、凭借运气所得,以及偶然获得的意外之财,分别安置于不同的心理账户之中。试想,若你通过努力发表了一篇文章,获得 500 元稿酬,对于这笔收入你可能会谨慎规划。然而,如果这 500 元是你不经意间捡到的,情况便可能有所不同,你或许会轻易地将其用于休闲娱乐上。

那么,如何将这种"意外"的愉悦感巧妙融入销售,以激发客户的消费欲望呢? 一个有效的方法是设计营销活动,让客户感受到"意外之喜"。例如,你可以向客户介绍:"近期我们特别推出了免费体验活动,参与后还有机会领取抵值券。"这样不仅让客户享受到了无须支付即可体验产品的乐趣,提前感受到了消费后的满足感,而且那份意外获得的抵值券更是锦上添花。假设你的产品原价为 200 元,而提供的抵值券金额为 99 元,这种"意外收获"会让客户在消费时产生强烈的价值感：仅以 101 元的价格就获得了价值 200 元的商品，从而促使他们更加大方地消费。

维系情感的账户。设想你心仪已久却迟迟未舍得购买的千元羊绒大衣，最终由太太作为礼物赠予，即便理智上清楚花费的是夫妻共同财产的一部分，这份惊喜也远超自购时的满足感。同样，你为太太选购了她舍不得自购的高档手机，彼此间的心意交换，让购物不再犹豫，这正是因为情感赋予物品的超值意义。

零钱账户。人们往往对大额钞票或特定用途的储蓄抱有谨慎态度，而零钱却更容易在不经意间被消耗。这解释了为何用银行储蓄购买电视时犹豫不决，而钱包里零钱却可能被轻松花掉。同理，你给父母一笔不小的钱，他们往往倾向于储蓄而非消费，但若改为频繁给小额的钱，这些"零钱"便能更自然地成为他们的日常开支的资金。

因此，如果想要促使客户购买更高价值或更多数量的产品，不妨频繁而巧妙地激活其"零钱账户"。通过将大额支出细化为多次小额支付，减轻客户的心理负担，从而在不知不觉间增加了消费总量。商家这样的策略在生活中屡见不鲜，比如，众多超市实施了积分或集点奖励机制，顾客在购物过程中能够累积相应的积分或点数。作为回馈，超市提供了一系列小礼品或折扣券供顾客使用积分或点数兑换，这样的举措不仅激发了顾客使用零花钱的意愿，还提升了他们的对超市的忠诚度。再比如，游戏制作者在游戏内设计了虚拟货币和道具商店，玩家可以选择使用数额不大的钱购买这些商品，这样做为游戏制作者带来了可观的收入增长。

进项收益账户。在生活中这种促销手段比较常见，超市推出了一项优惠活动：在超市内购物满 100 元，即可凭购物小票在服务台兑换一小时的免费停车时间；购物满 200 元，则可兑换两小时，以此类推。这一活动巧妙地让顾客在享受购物乐趣的同时，不自觉地增加了消费金额，因为顾客感觉自己并非在单纯消费,而是在通过购物"赚取"停车费的减免。这一策略巧妙地将消费者的注意力从"消费了多少"转移到"节省了多少",实质上触动了消费者内心的进项收益账户,即那个让人们感到自己仿佛在赚钱而非花钱的心理账户。通过这样的心理引导,商家不仅提升了顾客的购物满意度,还促进了销售额的增长,实现了双赢的局面。

（3）心理账户的实战运用

价格策略。假设有两个网上卖家销售完全相同的产品,但定价策略有所不同:一位定价 20 元并承诺包邮,而另一位则定价 15 元但需支付 5 元运费。可以从心理账户的角度分析哪个卖家销量更佳。

通常情况下,20 元包邮的定价策略会更受消费者青睐,消费者倾向于将整个 20 元视为商品本身的价值,并自动将其归入"商品"这一心理账户。消费者感觉购买商品物有所值,因为他们的心理账户中只记录了 20 元的商品费用,没有额外的花销。

相反,对于 15 元商品加 5 元邮费的定价方式让消费者形成两部分心理账户。他们不仅会在"商品"心理账户中记录一个价值 15 元的商品,他们还会在"邮费"心理账户中额外记录 5 元。在快递服务完成后,那 5 元邮费在消费者心中似乎并未带来更多的回报,从而给消费者留下了"浪费"了 5 元邮费的印象。这种心理感受无疑会降低消费者的购买意愿和满意度。

因此,从心理账户的角度来看,20 元包邮的定价策略更能吸引消费者,因为它有效地避免了消费者在心理上对额外费用的抵触情绪。

储值卡策略。许多美容院充分利用了储值卡策略对消费心理的影响。如果面对面直接支付 300 元现金时,人们往往会仔细权衡其性价比,感觉这笔支出不小。然而,若是从储值卡中扣除这 300 元,那种花钱的"痛感"便大打折扣,消费可能变得随意,甚至会期待着尽快花光卡内余额。

当客户的储值卡余额接近耗尽时,许多美容院又会鼓励客户再次充值,充值 1000 元赠送 200 元,这样的优惠让客户感觉自己又"赚"到了。在这种心理驱动下,客户往往会毫不犹豫地再次充值,并随后迅速花光卡内余额,进而形成"充值－消费－再充值"的循环模式。与每次使用现金消费相比,这种模式无疑加速了客户的消费频率,增加了消费金额。

透过这个模式,我们可以清晰地看到两个心理账户的作用:现金心理账户因其直接涉及"真金白银"的支出,价值感受强烈,消费时更为谨慎;而储值卡心理账户则相对"宽松",使用其中的资金进行消费时,对金钱失去的感觉远不及现金那么强烈。

心理绑定。"钻石恒久远,一颗永流传",这句广告词是现代营销史上的一个成功案例,它重塑了钻石的身份,使其从冰冷的工业用品一跃成为爱情永恒的象征。随着时间的推移,这一观念深入人心,人们开始自然而然地将"钻石"与"爱情"画上等号。这句广告词的魔力,在于它激发了无数男性倾尽所有,只为那一枚代表爱情的钻戒。在爱情这一心理账户中,钻石的大小与品质仿佛成了衡量情感深浅的标尺。

从纯粹的工业价值来看,钻石不过是一种极为坚硬的物质,其基础价值并不很高,一旦它被赋予了爱情的象征意义,成为情感传递的媒介,其价值便瞬间飙升,令人甘愿付出不少的金钱。这背后的奥秘,正是心理绑定的力量——将工业品与爱情这两个截然不同的心理账户相联结。

3. 巧用限制策略

限制策略是一种有效的营销手段,亦称限制性营销,它与饥饿营销虽有共通之处,但本质上侧重于不同方面。限制性营销的核心在于直接传达产品的稀缺性,激发客户的紧迫感——"数量有限,欲购从速",以此提高产品在客户心中的价值,让他们因不想错失机会而迅速购买。相较之下,饥饿营销则侧重于强调产品的热门与独特性,让客户感受到产品受到广泛认可,进而激发其"跟风"购买,唯恐跟不上"潮流"。

限制性营销充分利用了心理学上的稀缺性原则，即物品或资源的稀缺会显著提升人们对其价值的感知，因为稀缺赋予了产品的珍贵性与独特性。同时，人们还有"损失厌恶"心理，即人们对于失去的敏感度远高于获得，等量的损失在心理上造成的冲击远大于等量的收益。因此，当客户感知到即将失去购买某个心仪产品的机会时，他们更愿意去争取它，这正是限制策略能够有效促进销售的原因。

在具体实施中，设置紧迫的时间限制是关键一环。促销活动的时间越短，消费者参与的热情往往越高。此外，限时优惠还巧妙地利用了消费者对于"占便宜"的心理偏好，通过对比日常价格与优惠价，让消费者感受到实实在在的优惠，从而进一步激发他们购买的欲望。

（1）使用限制策略的最佳时机

实施限制策略有两个关键阶段。其一，在与客户初步交流的早期阶段，巧妙预设紧迫感，推进后续的销售过程，让客户从一开始就感受到行动的必要性。其二，当客户对产品或服务展现出浓厚兴趣，甚至表现出购买意向时，正是运用限制性营销策略加强其购买紧迫感的绝佳时机，以此激励客户迅速采取行动，避免错失良机。

在使用限制性营销时，可以明确传达以下信息：

限制性因素：明确告知客户供应的限制，如产品库存紧张或促销活动的截止日期临近，以此激发客户即时行动的欲望，防止因犹豫而最终选择不购买产品。

价值强调：深入阐述产品或服务的核心价值与独特优势，强调产品的独特之处以及它能够解决客户问题或满足客户需求的能力，让客户充分认识到这些限制条件所代表的高品质与价值，进而增强其购买决策的合理性。

诚实沟通：建立并维护与客户之间的信任关系至关重要。确保你所提供的信息真实可靠，避免夸大其词或虚构供应限制，以诚信赢得客户的长期信赖与合作。

在采用此策略时,态度应严肃、认真,以充分引起客户的重视。具体日期限定法可以有效提升紧迫感,下面这些表述通过明确的时间节点和紧迫的情境设置,促使客户迅速做出购买决定。例如:

"请注意,8 月 1 日起,价格将全面上调。"

"库存告急,欲购从速!"

"避免遗憾,即刻惠顾,我们的服务不会永远等待。"

"大甩卖已经进入尾声,9 月 30 日截止,错过不再来。"

"为了确保 11 月 1 日前顺利交货,请在 10 月 1 日前下单。"

"明日若未收到货款,产品将不再为您保留,请尽快确认。"

(2)需要关注的两大问题

采用限定期限的销售策略,犹如手握双刃剑,其既可能助力成功,亦可能引发客户反感,甚至导致交易中断。因此,在运用此策略时务必谨慎行事,特别留意以下两大问题:

第一,时机务必恰当。策略的时机选择至关重要,必须避免给客户造成你在压迫或强制客户的负面印象。过早地提出限定期限,尤其是以强硬姿态呈现,极易引发客户反感,阻碍成交。最佳时机在成交过程的后期,即在客户已基本接受主要条款,仅在细枝末节上犹豫不决时。或是客户已投入相当的时间与精力,意识到自己退出将带来损失之时,此时运用此策略,往往能收到事半功倍的效果。

第二,限制条件需灵活。设置限制条件时,应保持一定的弹性空间,给予客户选择的余地。过于僵化或强硬的条件,会让客户感到被束缚,进而产生抗拒心理。建议提供多种方案供客户选择,或适度延长考虑时间,给予客户自主选择权。这样一来,客户在感受到自己拥有一定决策权的同时,也更易于接受我们的提议,从而减少抗拒情绪,促进交易的顺利进行。

小贴士

　　在运用此策略时，务必充分考虑客户的感受与需求，确保给予他们足够的时间进行思考与决策。同时，注意自身的态度与表现，保持严肃认真又不失灵活，给客户留下良好的印象。通过平衡策略的力度与客户的舒适度，实现双赢。

04 暂时后退是为了更快成交

在与客户的沟通中,并非所有的成功都源自直截了当的"进攻"。面对客户的疑虑或拒绝,若我们执意强行说服,很可能会适得其反,甚至可能让前期的努力付诸东流。相反,适时的退让往往能得到意想不到的结果。

因此,不妨采取一种更为高明的策略——微笑着暂时将争议或拒绝置于一旁,转而寻找新的话题来放松客户的神经,分散其注意力。待到时机成熟,再自然而然地回到原先的话题,此时,通过迂回谈判的技巧,你已悄然触及了客户的兴趣点,让沟通在轻松愉快的氛围中进行。此刻,你们不再是单纯的买卖双方,而是携手共进的朋友,进而达成销售协议,僵局得以化解,问题自然迎刃而解。

在销售领域,这种策略被称为"退却战术"或"战略退却",它出于策略考量。尽管名字听起来像撤退,但其本质却是以退为进,通过表面的退让来谋求更进一步的胜利。也就是说,这并非真正的放弃,而是经过深思熟虑后的战略调整,如同棋局中的妙手,一退之间,已悄然布下更为有利的进攻态势。

1. 迂回入题的有效策略

题外话引入:从与业务无直接关联的话题切入,如讨论今日的天气或分享旅行见闻等,以此拉近与客户之间的距离,使沟通更加自然流畅。

自谦式开场:以谦逊的态度表达对客户来访的欢迎,同时展现谦逊的态度,如提及自身在谈判经验上的不足,请求对方指教等。这样的开场能够消除客户的心理戒备，营造和谐的交流氛围。

介绍己方团队：在沟通初期，简要介绍团队成员的背景、成就及专业特长等，既展现了团队的实力，又能在不经意间缓解紧张气氛，为后续深入交流做铺垫。

投石问路：每一次的提问都犹如投掷出的一颗探路石子，它不仅助我们洞悉客户对产品的真实想法，还揭示了对方的立场与底牌。为了占据主动，必须精心准备。首要是对客户的权限范围及其背景信息有初步的判断，随后，将各类可能涉及的条件、自己准备的切入问题以及应对策略，简洁明了地记录在纸上，随时翻阅参考。谈话过程中应思路清晰，有的放矢，避免偏离主题。无论采用何种迂回策略，都应紧紧围绕讨论的核心话题展开，确保对话的连贯性和有效性。

进入报价阶段后，迂回战术同样具有重要价值。客户往往通过讨价还价来寻求成就感与被特殊对待的感觉，因为人们总是对努力后的收获格外珍惜。因此，在报价时，不妨适当设置一定的议价空间，让客户在讨价还价的过程中感受到参与的乐趣与成就感。例如，原价 280 元的产品，在客户的争取下以 180 元成交，这样往往比直接给出 180 元的底价更能激发客户的购买欲望。相反，若一开始就拒绝还价，可能会让客户放弃购买。

2. 以退为进：先付出，后收获

在实施"表面退让，迂回前进"的策略时，可以从以下几个方面着手：

（1）准备多项选择

谈判桌上，单一的选择往往限制了你的谈判空间。因此，在运用"以退为进"的策略前，务必准备多种选择方案。例如，面对一款销售难度较大的产品，你可以先向客户推荐几款相比之下更难销售的产品。当这些产品因不符合客户需求而被婉拒时，你再适时亮出你真正希望推销的产品。由于之前的铺垫，客户更可能欣然接受这一"退而求其次"的提议。这个策略的精妙之处在于，通过先提供较不理想的选项，为最终推荐的产品创造了有利的接受环境，既保持了谈判的主动性，又兼顾了客户的实际需求，实现了双赢的局面。

（2）了解竞争对手

当同一客户可能同时与你的一个或多个竞争对手谈判时，了解竞争对手的策略和条件变得尤为关键。这不仅能帮助你判断何时是实施"以退为进"策略的最佳时机，还能确保你的条件在众多选项中依然保持吸引力。因此，通过分析竞争对手的优势与劣势，你可以灵活调整自己的策略，让你在客户面前更具竞争力。

（3）与客户建立信任

信任是成交的基石。一旦客户对你产生了信任感，成交便水到渠成。在购物决策中，价格虽重要，但安全感和信任感往往更为关键。当客户确信你的产品质量上乘、售后服务有保障时，他们可能愿意支付更高的价格。因此，在谈判过程中，不仅要展示产品的优势，更要注重建立和维护与客户的信任关系。

3. 激将法：在冲动与理智之间引导消费

你是否也曾面临这样的困境：客户需求明确，对产品表现出浓厚兴趣，甚至流露出购买意向，但始终犹豫不决，迟迟不肯下定决心。此情此景，你是否感到心急如焚，却又束手无策？

面对这类优柔寡断的消费者，不妨试试激将法。

（1）精准识别适用人群

值得注意的是，并非所有客户都适合激将法。此法更适用于那些易受外界影响、需要外界刺激或激励以推动决策进程的客户类型。具体而言，以下为几类客户的画像：

竞争型客户：他们天生具有强烈的竞争意识和求胜心，喜欢在比较中脱颖而出。对于这类客户，适当的竞争氛围或挑战能激发他们购买的欲望，促使他们迅速做出决定。

冲动型客户：情绪化是他们的标签，决策往往受即时感受和紧迫感的驱使。利用时间限制、限量促销等手段，可以有效激发他们购买的冲动，让他们尽快完成交易。

成就型客户：他们追求个人成就与被认可，通过强调产品的独特价值、专属优惠或成功案例，可以激发他们的成就感，推动他们采取行动。

社交型客户：他们重视社交关系与他人对自己的评价，容易受到社交圈的影响。利用社交压力或社交激励，可以引导他们做出积极的购买决策。

风险型客户：他们敢于冒险，追求高回报与新鲜感。对于这类客户，可以强调产品的创新性、独特卖点或潜在的高回报，激发他们的好奇心，促使他们做出大胆尝试。

（2）洞悉底层逻辑，应用才能得心应手

激将法有效是因为它巧妙运用了竞争原理、情绪驱动决策等心理学原理，能够触动客户内心，推动客户的购买行为。

竞争原理：作为激将法的核心驱动力，竞争意识根植于人类天性之中。人们总在不经意间与他人比较。激将法营造出一种竞争氛围，让客户感受到若不尽快下单，便可能错失先机，落后于他人。这种对胜过他人的渴望，自然驱动着他们更快地做出购买决定。

情绪驱动决策：情绪是决策过程中的隐形推手，尤其在情绪高涨时，理性往往让位于感性。激将法擅长于激发客户的情绪反应，强烈的情绪能在瞬间点燃客户的行动力。在情绪的驱使下，客户更容易被说服，迅速做出购买决策，以满足内心的冲动和需求。

可参考的沟通方式：

"我知道您是个有追求的人，您肯定不想在朋友面前落伍吧？这款产品能让您走在时尚前沿，成为那个引领潮流的人。"

"我觉得您有点保守了。这款产品不仅符合您的需求，更能展现出您的独特品位。您真的不考虑改变一下自己的选择吗？"

"这款产品数量有限，如果您现在不下单，可能就要被别人捷足先登了。难道您真的愿意错过这样一个难得的机会吗？"

05 重塑客户信念，打破成交卡点

1. 重塑信念等级

你是否曾遇到这样的情况：即便你对产品进行了详尽的介绍，客户也听得津津有味，但一到决定购买的关键时刻，他们却显得犹豫不决，迟迟不肯下单。这背后的逻辑其实并不复杂，每位客户心中都有各自的考量与期待。若你一味地推销产品，强行灌输你的观点，往往难以触动其购买欲望。而一个有效的策略，就是在初期为客户设定一个易于接受的小目标。这在心理学领域被形象地称为得寸进尺效应。

国外一位心理学家设计了一项实验，深刻揭示了这一效应的力量。他挑选了两批受试者，均为家庭主妇，并分别向她们提出了不同的请求。对第一批家庭主妇，他首先请求她们在窗户边悬挂一个小巧的招牌，这一请求轻松获得了她们的积极响应。两周后，他再次造访，这次提出了另一个请求——在院子中放置一个体积庞大且外观并不美观的招牌。出人意料的是，超过半数的家庭主妇欣然接受了这一更为苛刻的要求。

反观另一组，研究人员直接要求她们在初次接触时就将同样不美观的招牌置于院中，结果与第一组大相径庭，超过百分之八十的家庭主妇果断拒绝了这一提议。

前一组之所以展现出较高的接受度，关键在于她们先前已经通过完成一个

较小的任务（挂小招牌）建立了自我一致性。当面对后续更大的请求时，为了避免给他人留下"半途而废"的印象，她们更倾向于保持行为上的一致性，从而更容易接受新的要求。而后一组由于一开始就被要求做一件相对较难的事情，缺乏了这种逐步建立的心理铺垫，因此拒绝率显著上升。这就是心理学家所说的得寸进尺效应。

多数人本能地抗拒变化，无论是外界强加的还是自我驱动的，正如鱼儿抗拒离开水的怀抱。人们不愿轻易动摇长期形成的行事风格与思维模式。当你试图改变某人的发型、着装，乃至其工作方式、生活模式时，实则是触动了其信念。

这种抗拒，实则源自人类内在的生存防御机制。个体依据自己深信不疑的信念来指导行为，并据此理解周围的世界。任何外力强制性介入或改变，都会触发其防御机制，即便对方观点正确无误，也可能遭遇抵触。因为承认对方的正确，就意味着自我认知的动摇，而这种动摇可能被自己解读为对自我价值的否定。

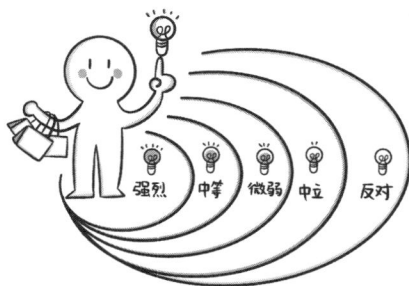

对客户信念程度的细致划分，能够深入洞察其态度倾向、个人偏好及潜在的购买意愿。以下是五种典型的信念分类：

（1）强烈信念：此类客户对特定观点或产品极为坚定且充满信心。他们往往已进行了详尽的研究，对产品了如指掌，对产品的价值及自身需求有着较高的认知程度。

（2）中等信念：这类客户对于某一观点或产品有一定的认知，但内心仍存有些许疑虑或不确定。他们可能针对产品的某些方面提出疑问,并渴望通过获取更多信息和证据来支撑他们的认知。

(3)微弱信念:此类客户对产品的信任度相对较低,对产品的优势及价值持保留或怀疑态度。他们需要更强有力的推动,以增强对产品的信任与认可。

(4)中立立场:这类客户对于产品没有明显的偏好或反感,态度较为中立。他们倾向于通过收集更多信息来评估产品的优劣势,并据此判断是否值得进一步深入了解。

(5)反对态度:这种客户通常对产品有明确的反感态度,可能已形成了自己偏好的标准,认为你推荐的产品不符合其期望。面对这类客户,需要努力消除其疑虑,尝试通过对话了解其真实需求,以转变其看法。

2. 改变信念的两种策略

一个有效的方法是避免过度聚焦于客户的表面态度,而是将他们的注意力引导至其内心潜藏的信念之上,调整客户的信念体系,改变他们的需求。在这个过程中,可以灵活运用两种方法改变客户信念:情感诉求与理性诉求。情感诉求通过利用诸如恐惧、幽默或内疚等情感因素,来触动客户;而理性诉求则侧重于展示事实及实例,引导客户从新的视角审视产品。

这根植于社会认知理论,即个体的信念与态度是在社会互动与文化环境的熏陶下逐渐形成的。因此,通过信息与观点输入,能够促进客户信念的转变。通过情感与逻辑的双重引导,可以多维度地促使客户以不同眼光审视产品,改变其原有信念。

此外,对客户的信念体系与价值观有深入的理解至关重要。这不仅能帮助你更精准地把握其需求与关注点,还能为制定针对性的影响策略提供坚实依据。通过这一方法,你能够更加精准地引导客户,从而使其信念转变。

3. 调整信念的重要性

改变信念的过程,并非直接触及信念的本质内容,而是调整信念在人们心目中的重要性,间接影响人们的看法与决策过程。

这一技巧源于心理学中的认知失调理论,该理论指出,当个体的信念与其实际行为不一致时,会引发心理上的不适感,进而驱使其采取行动以消除这种不协调。通过调整信念的重要性,可以增加或减少这种信念与行为之间的矛盾程度,从而引导人们作出更符合你期望的决策。

以日常生活中常见的例子来说明:假设你是一位甜品爱好者,但医生警告你过量摄入糖分对健康有害。此时,你便面临了一个认知失调的情境——既想享受甜品的美味,又担心其带来健康风险。为了缓解这种不适,你可能会采取减少食用频率或调整自我认知的方式来达到内心的平衡。

然而,在沟通中运用这一策略时,必须谨慎,避免触发客户的负面情绪或引发其防御心理。你的目标是在不引起客户抵触的情况下,悄然改变客户的认知,使其对我们的产品产生更积极的看法,并最终促成购买行为。这要求我们展现出高度的同理心,确保每一次的沟通都能精准地击中客户的心理需求。

实战案例

小孙在一家专注于 IT 解决方案的公司担任销售代表,他试图推动一家保守且长期使用传统安全措施的中型企业采纳其公司新型数据安全软件。面对挑战,小孙采取了调整认知重要性的策略,目的是转变客户的视角。

他深知直接挑战客户的既有认知可能引发抵触情绪,因此,小孙打算强化数据安全的紧迫性与价值,而非直接贬低客户现有的安全措施。

第一步,小孙精心挑选了一系列最新的数据泄露事件及安全漏洞案例,向客户展示了在传统安全措施下,企业可能面临的严峻风险。他运用翔实的数据和统计资料,深刻剖析了数据泄露如何损害企业声誉,侵蚀客户信任,进而威胁到企业的长远发展。

紧接着,小孙引领客户步入行业前沿,分享了最新的安全趋势以及竞争对手正在积极采纳的新兴安全计划。他通过讲述其他企业成功应用这些解决方案的实例与见证,进一步强化了数据安全在当代商业环境中的核心地位,让客户感受到紧跟时代步伐的重要性。

在此过程中,小孙不失时机地介绍了自己公司新型数据安全软件的显著优势。他强调,相比传统措施,该软件能够提供更高级别的保护、更高效的管理体验。为了让客户有更直观的感受,他还安排了为其定制的产品演示和实操体验,让客户感受其产品的强大功能与效果。

通过顺利沟通与交流,小孙逐步提升了客户对数据安全的认知程度,使他们开始正视传统安全措施的局限性。最终,客户被说服,认识到升级安全策略的必要性与紧迫性,并欣然接受了小孙推荐的这款新型数据安全软件,双方顺利达成了销售合作。

此次成功的销售,不仅得益于小孙对数据安全重要性的精准把握和有力阐述,更在于他巧妙运用了具体案例、行业趋势以及个性化互动等多种手段,有效改变了客户的认知观念,促成了交易的圆满达成。

06　应对客户讲价的五个策略

砍价符合人性。一方面，人们往往会更加珍惜自己花费时间和精力所得到的东西。因此，如果一开始就对客户过于热情和主动，客户可能不会把产品或服务看得很重要。另一方面，人们往往也有一种天生的反抗心理，对于强加给自己的事物，有一种排斥和反感的情绪。因此，如果你一开始就太过强势，客户可能会因为反抗心理而不愿意接受。在这种情况下，你可以采用顺水推舟的方法，既不会让客户觉得太容易，也不会过于强势，从而更好地激发客户的购买欲望。学会以下三个方法，让客户主动促成交。

1. 不要接受客户的第一次还价

和客户的交流就像是一场谈判，需要双方协商和互相妥协才能达成共同满意的结果。在这个过程中，我们需要有一些技巧和策略，并且要注意与客户的关系，才能获得更好的成交结果。

面对客户的初次还价，应采取审慎态度，不应急于答应。这主要是因为客户往往会以较低的报价试探我们的价格弹性。一旦你立即应承，客户或许会误以为仍有进一步议价的空间,从而持续压低价格。

客户的首次还价往往并非其最终的心理价位,而是留有回旋余地的。若你轻易接受这一报价,不仅会丧失谈判中的主导权,还可能让客户对你的产品或服务价值产生误判,认为其实际价值远低于标价。逐步引导客户认识到产品或服务的真实价值,是达成双赢的关键。因此,在面对客户的首次还价时,切勿轻易接受,而应运用以下方法:

(1)探寻客户核心诉求:在客户提出还价请求后,暂不急于回应。转而询问客户的关注点,明确哪些要素对客户至关重要。这一步旨在深入理解客户需求,从而量身定制更为精准的解决方案,同时也使后续的谈判更为顺畅。

(2)提供超值附加价值:如果你不愿意直接降价,不妨通过增加附加值来留住客户,比如升级服务品质、延长产品保修期、缩短交付时间等。这些额外的价值不仅能使客户放弃对过低价格的坚持,还能展现你的产品或服务的独特竞争力。

(3)呈现多元选择方案:若你的产品或服务具备多样化的配置、功能或价格区间,不妨精心准备两到三个备选方案供客户挑选。这样能让客户感受到更多的自主选择权,也增加了成交的可能性,满足不同客户的个性化需求和预算要求。

(4)回应客户的需求:客户还价的背后往往隐藏着其特殊的需求与考量。此时,主动回应客户的感受,展现你的同理心与尊重,能够有效增加客户对你的信任与好感度。这种情感上的共鸣,往往是促成交易的催化剂。

2. 不做无理由的让步

在成交的过程中,你是否遇到过这种情况:你爽快地在价格上做出了让步,本期待尽快成交,却不料他们非但不满意,反而希望价格更低一些。客户内心或许会揣测:"为什么如此轻易就答应了?是不是因为产品的利润空间巨大,你的报价本来就虚高?看来价格还有更大的压低空间。"这便是无理由让步带来的后果——你的行动与客户接收到的信息产生了错位。在客户提出条件时,若你轻易妥协,无异于向对方传递出缺乏自信或底线不明的信号,这无疑会对最终的交易结果产生不利影响。

因此,在谈判中做出任何让步,都应有充分的理由作为支撑,比如基于对市场价格的深入分析,或是对产品成本的精确把握。这样,你的决定在对方眼中才会显得是经过深思熟虑的,而非仅仅是在外界压力下的被动反应。这样处理不仅能维护你的专业形象,更能促进双方基于理解与尊重达成更为稳固的合作。

还存在另一种情况,若客户提出的价格恰好符合你的心理预期,并且你希望迅速促成这笔交易,那么不妨运用"如果"这一方法来增设成交条件。

举例来说,你与一家绘本馆的老板洽谈,希望他能引进你的产品,而老板给出的价格恰好是你所能接受的。此时,你可以这样回应:"如果您能考虑一次性采购我们 10 套课程的话,那么对于您给出的价格,我可以向上级汇报,力求为您争取到最满意的结果。"通过增设这样的限制条件,你不仅展现了对客户需求积极回应的态度,还让客户感受到你并非无条件地让步,而是在深思熟虑后,为了推动双方合作而努力。这样的处理方式,既能有效促进交易的达成,又能增强客户对你的信任与尊重。

3. 让客户看到你的"勉强"

在成交的过程中,一个有效的方法是在谈判初期向客户提出一个相对较高的或看似难以达成的初步要求,随后通过不断协商,逐步达成共识。这旨在向客户展现你的诚意与努力,而非简单的让步,避免给客户留下可以被轻易说服或操纵的印象。

实战案例

　　小张是一个生产健康器械公司的销售代表,在与某医院洽谈大宗采购合同时,便巧妙运用了这一策略。他起初提出了一系列高标准的要求,包括价格、交货时间及质量标准等方面,这些条件起初让医院方面难以接受,认为过于苛刻。

　　小张并未止步于此,接下来他迅速而巧妙地做出了小范围的调整,如适度延长交货期限并承诺提供更全面的售后服务。这些灵活的调整不仅解决了医院的顾虑,还让对方深刻感受到小张及其公司对于产品质量的坚持以及对客户需求的关注。

　　最终,双方在价格、交货时间和质量标准等方面满意地达成了共识,成功签订了采购合同。这一成果不仅为小张带来了优异的业绩,更为他在行业内赢得了良好的口碑与信誉。

　　通过这样先高后低的谈判策略,每次微小的让步在客户眼中都显得来之不易,让客户感受到你的灵活与真诚,同时也增强了他们的被尊重感。相反,若一开始就大幅度降价或过快地做出让步,反而可能引发客户的猜疑与进一步压价的要求,认为价格仍有更大的谈判空间,从而破坏了原本可以达成的双赢局面。

4. 给客户讲价的空间

　　在销售的过程中,报价作为向客户明确产品或服务价格的关键步骤,其难度取决于所售产品的复杂程度。对于简单的日常小件商品而言,报价或许只是销售工作中的一小部分;然而,对于高端大型商品,如重型机械设备、复杂的软件系统,报价环节就更为重要了,在整个销售工作中占有举足轻重的地位。

　　无论商品性质如何,报价都直接关系到交易能否顺利达成。

（1）价值不到，价格不报

产品的优劣与定价的高低，并非由你单方面界定，而是取决于客户的认可与需求。面对客户的直接询价，切勿直接报价，因为价格取决于客户对产品价值的认知。

你的首要任务是深入理解客户的需求与痛点，并针对性地提出解决方案，让客户真正感受到产品的独特价值。若客户未能意识到产品对其的价值，即便产品再质优价廉，也难以促成交易。

在这个过程中，一是要让客户建立对我们的信任，通过展示样品、分享成功案例、提供翔实数据等方式，让客户直观感知产品的质量与实际应用效果，对产品及后续服务充满期待。

二是要调和双方对价值的认知差异。通过沟通与交流，使客户从心底接受并认同产品所能创造的长期价值与潜在收益。只有当双方在产品价值上达成共识，才能让你的报价顺利被顾客接受。

如果做不到以上两点，客户便难以心甘情愿地为产品支付其应有的价格。甚至有可能即便你主动提供产品试用，也遭到客户的婉拒，因为客户缺乏对产品价值的认同。

（2）讲价：人性使然，策略应对

在报价环节中，客户往往会自然而然地讲价，若未预先考虑此点，未预留讲价空间，很可能错失成交良机。不给予讲价空间的弊端主要有以下几个。

首先，客户不悦。无论初始报价是否含有高额利润，在客户眼中，价格很可能过高。他们会觉得被强加了一个难以接受的价格，进而对你、你的产品乃至服务失去信任。

其次，销售机遇流失。客户有砍价的需求，如果不满足他们，他们可能转向你的竞争对手怀抱，直接冲击你的销售业绩，你的竞争压力骤增。

最后，产品或服务价值遭低估。缺乏充分的考量与对比机会，客户可能草率地认为你的产品或服务不值所标之价,从而错失了了解其价值的机会。

因此,应给予客户充分的报价空间,让他们有足够的时间与空间去评估、比较。此举不仅能提升客户满意度与信任度,还能拓宽销售渠道,减轻竞争压力,更重要的是,它能让客户更深刻地理解并认可你所提供的产品的真正价值,提高成交率。

实战案例

孙成是某汽车经销店的销售代表,正努力促成一笔新车交易。他已与客户进行了数轮沟通,但顾客始终犹豫不决,未能下定购买决心。在报价环节,孙成直接给出了一个价格,却未充分考虑到客户的议价心理,未预留足够的议价空间,这让客户感觉价格偏高,难以接受。

面对这一情形,客户继续询问其他汽车经销商。最终,他找到了一家服务周到、价格策略更为灵活且能给予充足报价空间的经销店。在那里,客户获得了更多机会去细细考量与对比不同车型与价格方案。

客户最终选择了那家提供更多报价空间及价格灵活的经销店。客户反馈,在孙成那里感受到催促,缺乏足够时间进行充分比较与考虑,是促使他转向竞争对手的关键因素。

若孙成能在初次报价时就考虑到客户的议价需求,提供更为宽松的报价空间,并展现出更为灵活的价格策略,让客户有足够的时间与空间去深思熟虑,那么他更有可能赢得这笔订单。

---

(3)客户讲价的四种心理

理解客户热衷于讲价的心理,并据此制定恰当的谈判策略,是达成双方都满意的交易结果的关键。

追求高性价比：客户总希望以最低的价格换取最大的价值回报。讲价与谈判成为他们实现这一目标的途径，在这过程中，客户不仅追求更优惠的价格，更期望获得交易后那份超越期待的满足感与成就感。

节省开支：在经济行为中，节省开支是消费者的普遍心理。客户想要通过讲价与谈判获得更多的优惠和折扣，从而直接降低购买成本，在有限的预算内获得更多，满足个人的经济需求。

彰显自我价值：交易不仅是商品或服务的交换，也是个人能力与智慧的展现。客户可以通过讲价与谈判，展现自己的商业敏锐度和谈判技巧，从而增强自我价值感。

满足好胜心：对于部分客户而言，讲价与谈判本身便是一种乐趣与挑战。他们享受谈判过程中智力与策略的较量，享受在谈判桌上你来我往、斗智斗勇的快感，追求胜利带来的喜悦与成就感。

（4）报价四步法

当已与客户明确产品需求后，可遵循以下四步策略来灵活设置报价空间，可称之为"报价四步法"。

第一步：明确客户期望与预算。在正式报价前，首要任务是深入了解客户的期望与预算范围。这不仅能助你精准定制符合客户需求的方案，还能有效避免报价超出客户承受范围，确保报价的合理性与可接受度。

第二步：准备两个报价方案。为满足客户多样化的选择需求，建议准备两份报价方案。可依据客户的具体需求与预算限制，设计如基础版、高级版或定制版等差异化方案。这样不仅体现了你对客户需求的了解，还提升了谈判的灵活性与透明度。

第三步：预留充足报价空间。在制定报价方案时，务必预留出足够的议价空间。这不仅能让客户在谈判过程中感受到你的诚意与灵活性，还能增强客户对你的信任与好感，进而提升客户忠诚度。

第四步：回应客户的反馈。给客户报价后，要密切关注客户反馈，并根据实际情况作出相应调整。若客户认为报价偏高，应耐心听取其意见，并通过调整方案、提供额外优惠等方式达成共识。这样的互动不仅有助于更好地满足客户需求，还能为双方建立长期稳定的业务关系奠定坚实基础。

此外，为进一步提升客户满意度与忠诚度，可考虑在报价中提供额外优惠，如折扣、赠品等，让客户感受到更多实惠与价值。通过以上几步，不仅能够有效促进交易达成，还能在客户心中树立起专业、诚信的良好形象，为你的业务拓展开辟更广阔的空间。

实战案例

小赵是一家家居设计公司的创始人。他细致入微地询问了一个客户的具体需求，并精心挑选了几个风格迥异的家具系列进行介绍，同时给出了一个初步的价格区间。在交流过程中，小赵敏锐地捕捉到了客户的预算，并为其预留足够的报价空间，以增强其在该公司选购家具的信心。

面对客户关于价格调整及材料替换的疑问，小赵展现出了极高的专业素养与耐心，他不仅一一解答了客户的所有问题，还主动提出可以根据客户的个性化需求提供定制服务，这一提议让客户倍感贴心。为确保沟通无碍，小赵还主动留下了自己的联系方式，并承诺无论何时，只要客户需要进一步的帮助或有任何疑问，都能随时找到他。

随后，小赵高效完成了设计方案，并将其提交给客户审核。设计方案得到了客户的高度认可，数日后，客户主动联系了小赵，表达了购买意向。双方随即就具体细节展开了深入讨论，小赵根据客户需求提供了一份详尽的定制报价单。在价格谈判环节，客户虽然对方案赞不绝口,但仍希望能在价格上有所让步。面对这一诉求,小赵并未急于求成,而是耐心地向客户解析了每一项成本构成,并提出了在不牺牲产品质量的前提下,通过优化设计与材料搭配来降低成本的方案。

经过一番诚挚而专业的沟通,小赵与客户最终达成了共识,成功签下了这份合同。客户对小赵的专业能力、耐心服务以及最终方案的满意度极高,不仅决定购买该套家具,还将家中的其他软装设计一并交由小赵负责。客户留下了极为正面的评价,对小赵团队给予的高度专业性和贴心服务表示了由衷的赞赏,称这次合作让他们感受到了前所未有的舒适与满意。

5. 对客户的砍价委婉说"不"

在市场交易中,无论商品定价多少,总难免遭遇"太贵了"的声音。对此,如何委婉地回绝砍价,同时维护良好的客户关系,成为一门学问。小金额交易时,巧妙运用"概念转换";大金额则宜"轻描淡写",以降低客户的价格敏感度,是比较高效的方法。

(1)小钱用概念"掉包"

试想,若需支付 99 元购买一门线上知识付费理财课程,可能让人觉得贵。因为在传统认知里,知识似乎免费可得,或者通过网络搜索或朋友分享也能获取。但转念一想,这不过是两杯咖啡的价钱,却能换来宝贵的理财知识,这门课程顿时显得物超所值。99 元所购得的,不仅是知识本身,更是未来可能节省或赚取的巨大财富。客户会发现,这不仅是投资自己,更是为未来的经济安全布局。当意识到这笔小投资能带来大回报时,自然愿意欣然接受,视其为通往财富之门的钥匙。

(2)大钱"小说"淡化敏感

在报价时,将大额费用细化为更小的单位,并与客户熟悉的日常支出进行

173

对比,可以有效淡化客户对于价格的敏感,让他们更容易接受并愿意购买你的产品。如果你的产品金额较大,那在报价的时候可以采取"大钱化小"的策略,从而淡化客户对于价格的敏感。当你给客户算出每年、每个月或者是每个小时为这个产品支付多少钱时,客户就会认为是一种小钱。

举例来说,假设你是一家高端健身俱乐部的销售人员,你要向潜在客户介绍一张年度会员卡,售价为 9999 元。这个价格可能会让客户感到有些贵,但是你可以运用"大钱化小"的思路来改变他们的观念。

首先,你可以告诉客户这张年度会员卡可以享受一年内无限次健身,每周 7 天,每天 24 小时都可以使用。这样一来,客户会意识到他们可以随时随地进行健身,而不需要再支付其他额外费用。

接着,你可以将这个价格细化到每天的消费上。一年有 365 天,那么每天的健身消费约 27 元。这样算下来,客户可能会认识到每天只需花费约 27 元,就可以享受到高端健身俱乐部的服务和设施,这个价位相对来说就显得更加合理和划算。

通过"大钱化小"的策略,你将高额的年度会员卡价格转化为每天的微小支出,让客户将其与日常消费相比较。这样一来,客户更容易接受这个价格,认为是物超所值的投资。不仅是较大金额的费用适合用这个策略,就算是拖鞋这一类的日用品也适合用这个策略。一双家居拖鞋卖 129 元,相比其他的拖鞋确实不便宜,如果按照一年三季都能穿来算,那每天就仅需 0.47 元。别的拖鞋可能只卖 30 元一双,但是这么一对比,好像 129 元一双的拖鞋也不是那么让人难以接受。

如果你在客户砍价时直接说"不",可能会让客户感到你不够友善或者不愿意为客户考虑。这样的做法可能会让客户感到不满,不购买你的产品。另外,如果你过于强硬地拒绝客户,也有可能会伤害到客户的感情,让客户对你产生反感,进而对你的公司产生负面印象,甚至可能会在客户之间口耳相传,影响你的职业形象和口碑。

6. 这样讲价客户更容易接受

面对客户的讨价还价，直接生硬拒绝往往不是最佳策略。你可以运用一些更为巧妙的方法来应对，以下是几种有效的处理方式：

（1）价值引导法

通过引导客户聚焦于产品的核心价值而非单纯的价格标签，让客户深刻理解到所购买的产品或服务所能带来的实际好处与超值体验。可以这样表达："我完全理解您的感受，但这个价格已经是我们的最优惠价了。若我们为降低成本而替换原料，降低产品质量，恐怕您也不会选择这个产品了。您还是希望获得让您心满意足的产品，不是吗？"

（2）注意力转移法

当客户对价格有异议时，可以将他们的注意力转移到产品的附加价值上，如优质的售后服务、全面的保修保障等，增加客户对整体价值的认同感。在直接拒绝之前，可以提供其他吸引人的选项作为替代方案，比如，可以这样说："虽然我们不能直接满足您的价格要求，但我们可以为您提供更完善的售后服务或延长的保修期限。"

无法满足客户的降价要求时，采取坦诚而详细的解释方式，向客户说明价格背后的原因及公司的定价策略。这样不仅能体现企业的诚信与专业，也能帮助客户更好地理解并接受现状。例如："非常抱歉，我们确实无法提供额外的折扣。我们的价格已经过精心考量，力求公平与透明。为了证明这一点，我可以向您展示我们过往的成交记录，让您看到我们的价格定位是合理且具有竞争力的。"

（3）回应需求法

在不少情况下，客户提出议价并非纯粹因为价格超出其预算，而可能源于其核心需求未被理解与满足。针对此，应细致复盘客户的具体困扰及你提供的解决方案,力求精准对接。给客户提供更多选择,并清晰阐述不同选择间的差异,帮助客户更全面地认识不同的产品,从而做出最符合自身需求的选择。

若客户提出看似不合理的需求,不应直接拒绝。通过巧妙提问,如:"能否分享一下您期望达成的具体目标是什么？或许我们可以共同寻找其他方案助您达成这一目标。"这样的沟通方式能够引导客户深入思考其真正所需。如此,不仅能有效解决客户的核心需求,还能建立更加稳固的合作关系。

(4)补偿法

使用"补偿法"其核心在于构建一个双段式回应。首先,直接而明确地阐述你的立场,即前半句;随后,在后半句中,主动提出替代方案或补偿措施,以缓和对方的失落感,也可以有效缓解紧张氛围。比如,你可以提议增加额外服务、延长保修期限、加快交货速度等,这些补偿措施如同润滑剂,能够减轻客户的不满,促使他们更平和地接受你对降低价格的拒绝。

比如,具体到交货时间的讨论,你可以这样表述:"关于交货时间,确实已是最优安排,无法再调整。不如我们再讨论一下如何在货物抵达仓库后,以最快速度入库。"这样的回应既坚守了立场,又为客户提供了新的讨论方向,避免谈话陷入僵局。

在表达立场时,肢体语言同样重要。手掌向下的按压动作,不仅是对控制谈判节奏的心理暗示,也传递出你的坚定与自信。必要时,一个有力的挥手或指向天空的动作,能进一步强调你的决心。同时,保持双脚稳稳站立,仿佛扎根于地,这个动作不仅给予你内心的力量,也向对方展示了你不可动摇的立场。

记住,拒绝的艺术在于灵活多变、顺势而为。根据具体情况,你可以选择单独使用一种或多种婉拒技巧,甚至创造出独属于你的方法。关键是,要让客户感受到你的尊重与诚意,即便说"不"的时候,也能激发他们在成交的关键时刻说出"是"的意愿。

07　巧用"奥迪成交法"，多卖 3～7 倍

你是更倾向于向那些与你志同道合、观点相近的人购买产品，还是选择那些与你意见截然不同的人呢？答案不言自明，大多数人会倾向于前者。这一行为背后的心理机制，就是"认同效应"。

认同效应，亦被称为"名片效应"或"自己人效应"，它是一种心理现象。通过展现与客户在观点、兴趣或某些特征上的相似性，营造出一种"我们是同类人"或"我们观点一致"的微妙氛围。这种氛围如同无形的桥梁，迅速拉近了你与客户之间的心理距离，有效减轻了客户的防备心理，使得他们更易于接受你的观点和建议。通过这一方法，我们能够在客户心中种下期待的种子，最终收获成交的果实。

想要让客户更加痛快地付费，还需要客户坐一次情绪上的过山车。让他跟着你的节奏，一会儿低落，一会儿高昂。

我自创的"奥迪成交法",在实践中往往 10 单就能促成 7 单成交,奥秘正在于先理解客户,与客户建立"同盟"关系,然后利用客户的心理,带领用户经历情绪的过山车,最后以成功的愿景吸引用户下单。

实战案例

春节前,我忙着运营训练营时,凤儿就主动跑过来跟我说,想要打造个人 IP 和经营朋友圈。因为不擅长这些,所以错过了好多的客户,她每天像热锅上的蚂蚁一样团团转,又着急,又苦恼。

新年后,她报名了我的成交课和私教课,她有行动力和执行力,我教她如何打造自己的个人品牌,并及时提供技术和思维上的支援。

有趣的是,每次的通话指导都会给她带来价格不低的一对一学员。她每次都会提一句:你可太厉害了,你让我怎么做,我这就照着做! 然后我就成交……

大年初一她持续转化成交,在我的群里频频报喜,引来无数羡慕的眼光……短短七八天成绩就非常可观。

凤儿发朋友圈时说:今年报名最有价值的课程就是阿潘的私教课。

我的第一期训练营有个叫云姐的学员,从 2019 年跟我学习开始,就一直用这个方法经营她的训练营,目前她的训练营已经做了 40 多期。

她跟我说:

"潘,我就是想感谢你。

因为我的事业做到今天,训练营开了 41 期,仍在继续进行,又增加了亲子营,并且将继续发展下去,一个很重要的原因就是我跟你学会了如何私聊成交。我不但自己会私聊成交,还把我团队的小伙伴教会,这样我就可以有更多的精力来做内容,让他们去成交,从而可以更好地帮助更多人实现梦想。"

我还记得她当时来找我的情景,很多学员被她的训练营吸引,但就是无法成交,甚至是出现了客户意向非常强烈,结果和她聊几句就被劝退了的情况。这种情况还屡屡发生,她又焦虑又着急。从三个客户走两个到现在训练营坚持开了 41 期,她不仅在专业上一直提升,还教会了自己团队的小伙伴这套成交方法。

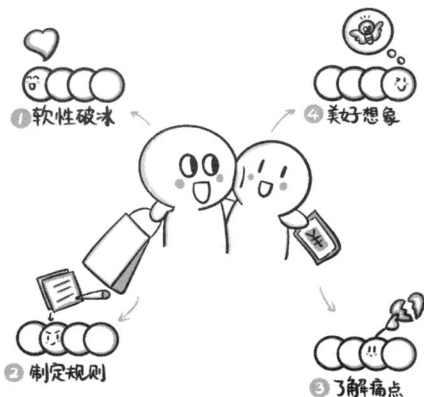

"奥迪成交法"有以下四大步骤:

1. 第一步:软性破冰——营造轻松的氛围

如果是客户主动联系或沟通,第一步要做的是让对方放松下来,为后续的深入交流打下良好的基础。以下是两种实现软性破冰的有效沟通方式:

(1)主动询问以友好的态度开场

可参考的沟通方式:

"有什么能帮助到你的?"

"你好,怎么称呼你呀?"

在客户回应后,赞美其名字,或者根据客户的个人资料、爱好、孩子、天气等话题进行软性破冰。这些话题的选择应基于你对客户的初步了解,旨在营造轻松愉快的对话氛围。

在进行了三到五句的软性破冰后,适时地切入正题,简要介绍你在该领域的成绩。这样介绍不仅展示了你的专业能力,也增强了客户对你的信任感。

如果可能,分享一些与你所销售产品相关的个人经历,如作为健身教练,分享从肥胖到健身成功的例子,这能让客户更直观地感受到你的专业性和真诚。

(2)邀请对方介绍自己

另一种有效的软性破冰方式是邀请客户简单地介绍自己。这样的邀请既体现了你对客户的尊重与关注,也为客户提供了一个展示自我的机会。

可参考的沟通方式:

"请你简单地介绍一下自己,帮助我更加了解你,可以吗?"

在客户自我介绍的过程中,仔细聆听并收集相关信息,这些信息将有助于你更准确地把握客户需求,为后续的交流提供有力支持。

通过客户的自我介绍,你可以非常轻松自然地过渡到成交的下一个阶段。例如,根据客户的职业、兴趣或面临的挑战,提出针对性的建议或解决方案,进一步加深客户对你的信任。

2. 第二步:制定规则——掌握聊天主动权

在第一步成功完成与客户的软性沟通后,接下来要做的是制定规则,以确保在聊天过程中掌握主动权。

(1)制定规则的重要性

在成交过程中,一个常见的挑战是客户一开始就提出一连串问题,导致销售人员陷入被动回答的状态,客户最终失去购买兴趣并离开。出现这种情况的原因在于客户掌握了对话的节奏和主动权。因此,制定规则是避免这种情况发生的关键。

可参考的沟通方式:

"我已经服务过上百个学员/客户了,对各种情况都比较了解,接下来我会问你几个问题,了解你的基本情况,了解过后我再判断,我们能不能帮助你去实现你的愿望。所以接下来我就提问,你直接回答。你看如何?"

这样的沟通方式能得到大多数客户的积极回应，因为它明确表达了为客户着想的立场，而客户最关心的正是找到符合自身需求的服务与产品。

（2）主动引导

想象一下去医院看病的场景：当你告诉医生"我肚子不舒服"时，医生会进一步询问具体的疼痛位置和症状，而不是直接要求你交钱。医生通过细致的问诊来确定病症，从而给出更准确的诊断。同样，在销售过程中，当客户主动来询问时，他们可能只是基于一种模糊的需求感，而并不清楚自己真正的需求所在。

此时，作为销售人员，你应该扮演起"医生"的角色，通过主动引导客户，帮助他们明确自己的真实需求，并让他们感受到你的产品或服务能够满足这些需求。这样不仅能提升客户的满意度，还能大大增加成交的可能性。

实战案例

我的学员屈女士，是一个主业为医生、副业深耕大健康产业的专业人士，在完成我的课程后，满怀信心地投到她的产品推广中。她的产品确实切中了大众的需求，然而，仅仅过了不到两个月的时间，她却带着满脸的沮丧来找我，与先前学完课程时那股子冲劲形成了鲜明对比。她困惑地问我："阿潘教练，我明明都是严格按照您教的方法去做的，为什么还是无法促成成交呢？"

为了找到问题的症结所在，我请她提供了与客户的聊天截图。经过仔细分析，问题逐渐浮出水面。

屈女士在引导客户时，起初做得相当不错。她自信地向客户介绍自己的丰富经验，并表示接下来将通过提问来更好地了解客户的需求。客户也欣然同意。然而，从询问客户生活习惯的那一刻起，对话的轨迹开始悄然偏移。原本应由屈女士主导的对话，逐渐演变成了客户说一句话,屈女士就回复十几句的情况。更为关键的是,在这个过程中,当客户提出其他痛点或疑问时,屈女士并未及时捕捉并予以回应,而是固执地围绕自己的话题不断输出。

这样的交流方式,最终导致了客户在屈女士试图引导至成交环节时,选择了沉默不再回复。

因此,在掌握聊天主动权的过程中,必须时刻注意两个关键点:一是控制自己输出的比例,避免过度发言而忽略了客户的反馈;二是确保话题始终围绕客户的核心需求和问题展开,避免偏离主题。制定规则的初衷,正是为了引导客户的注意力,聚焦于你能够提供解决方案的领域,从而更有效地促进成交。切记,在对话中保持灵活,紧跟客户的步伐,切勿让对话偏离了初衷。

3. 第三步:了解痛点——精准定位客户需求

认同并理解客户的感受是成交过程中不可或缺的一环。这一阶段的交流,实质上是与客户携手构建信任同盟的过程,可归结为四点:精准提问、表达认同、痛感放大、设定目标。

(1)精准提问

此阶段的任务是巧妙引导客户说出其现状。或许他们正为收入不济而苦恼,或因体重超标而困扰,内心深处虽知改变迫在眉睫,惰性却如影随形,让他们在舒适区内徘徊不前,享受着短暂的安逸难以迈出改变的第一步。

可参考的沟通方式:

"您是在××方面遇到困惑了吗?"

(2)表达认同

当客户敞开心扉,倾诉他们的困难时,我们需要通过语言去认可客户。每一次客户提及痛点,都应以重复与肯定作为回应,营造出一种"我懂你"的氛围。

通过积极引导，鼓励客户更多地表达自己的真实感受，因为客户说得越多，往往意味着你离成交的门槛越近。

如何衡量双方对话的平衡？一个简单的标准是，当你感觉自己的话语有点少，便说明你的说话比例刚刚好。

可参考的沟通方式：

"您的感受我完全能理解，我也曾有过这样的体会。"

"确实，这样的经历并不罕见，我的许多客户都经历过类似的情况……"

"还有其他方面让您感到困扰吗？"

这些话语如同温暖的春风，能够吹进客户的内心，促使他们更加坦诚地分享自己的痛点。在客户敞开心扉、吐露真言之后，要进一步引导他们正视问题，通过放大痛点并共同畅想不改变可能带来的负面后果，来激发他们的紧迫感与改变的动力。这一过程不仅加深了客户对问题的认识，也为他们提供了行动的动力与方向。

（3）放大痛感

当客户提到如"我觉得最近胖了，感觉平时的衣服都小了一圈"这样的困扰时，可以巧妙地引导话题深入。比如回应道："衣服尺码变小，意味着那些曾经让你爱不释手的衣物如今只能束之高阁，这种失落感确实让人不好受。"通过这样的表述，鼓励客户详细阐述他们的痛苦，无论是财务上的束缚、减肥路上的挫败，还是资产缩水的焦虑，都一一呈现。

重要的是，你要让客户意识到，如果这种现状持续下去，他们将面临更为严重的损失。通过提问引导，如"如果一直这样下去，你能坦然接受吗？"或"任由问题发展，未来是否会变得更加棘手？"让客户自己预见未来的困境，从而激发他们改变的欲望。

可参考的沟通方式：

"如果一直这样下去，你能接受吗？"

"如果这个问题不解决,肯定是要比现在还麻烦的,对吗?"

"这样继续下去的话,确实非常让人苦恼和痛苦。"

(4)设定目标

接下来,你需要引导客户明确他们的期望与目标。让客户自己说出他们最渴望达到的状态,无论是财务自由的具体数额、瘦身成功的体重目标,还是解决某一问题后希望获得的益处。

可参考的沟通方式:

"通过我们的共同努力,你期望自己能够达到一个怎样的理想状态呢?"

"你为自己设定的月收入目标是多少?"

"你希望最终能减到多少斤?"

"你希望通过解决这个问题,获得哪些实质性的好处或改变?"

这一系列沟通之后,客户往往会经历从认识到行动的改变。经历了情绪的过山车后,客户想要改变的欲望也会愈加强烈。作为引导者的你应适时把握时机,鼓励客户将改变的愿望转化为实际行动的计划,共同迈向目标实现的第一步。

实战案例

我的客户陈老师,一位美容行业的创业者,曾向我表达了她在成交环节上的迫切需求与困惑。她提到,尽管每天都有大量潜在客户被引入私域,但却屡屡在成交关头受挫,她迫切希望得到我的指导和支持。

几天后,我们打了一通咨询电话,在这次通话中,我灵活运用了之前提到的沟通策略,并成功促成了合作。首先,我明确了沟通的框架,即由我来主导提问,而陈老师则负责补充具体信息,这样的安排确保了对话的主动权在我手中,有利于引导话题深入。

随后，我针对性地提出了关于成交障碍的痛点问题，询问她在转化流程中的哪个环节感到最为吃力，以致无法顺利成交。在陈老师详尽描述的过程中，我始终保持同理心，给予积极反馈，同时迅速捕捉到了关键信息，通过综合分析，初步判断了问题的根源。

明确问题所在并确认自身能够提供有效解决方案后，我进一步引导陈老师设定了具体目标，即希望通过解决当前问题后能够达成的业绩或客户满意度等具体指标。随后，我们共同梳理了问题的根源及预期成果，确保双方对合作目标有清晰且一致的认识。

这次深入而有效的沟通后不久，仅一周时间，我们就顺利签订了服务合同，正式开启了合作之旅。在随后的服务周期中，陈老师不仅个人受益匪浅，还将从我这里学到的成交策略与方法传授给了她的加盟商，实现了知识与成果的双重传播。陈老师及其团队多次向我表达感激之情，认为所获得的收获远远超出了他们的预期。

4. 第四步：构建梦想蓝图——加速成交

（1）铺设愿景之路

可参考的沟通方式：

"当你达到了自己的目标后，你觉得你的生活会是怎样的？"

通过假设的方式，让客户想象通过你的产品成功解决当前挑战后的美好场景。这犹如乘坐情绪过山车，将那份梦寐以求的感觉提前呈现给客户，让他们仿佛已经亲身体验到了"拥有"的喜悦。

比如说："想象一下，当你顺利达成自己的目标时，你的生活将会绽放出怎样的光彩?"接着,引导客户回顾他们渴望改变的初衷,再逐步过渡到"假如你真的实现了这些目标,你的生活将如何焕然一新"的探讨上,鼓励他们尽情描绘财务自由、环游世界的自由,或是瘦身成功后的自信等美好图景。这样的对话,将极大地激发客户对于改变的渴望,使他们再也不想安于现状。

(2)深挖内在动机

可参考的沟通方式:

"你内心深处对成功的渴望如此强烈,那么,究竟是什么使你至今未达成这一目标呢。"

为了进一步强化客户的行动意愿,可以帮客户分析原因,引导客户自我反思。在此过程中,要让客户意识到,尽管他们可能已经尝试了各种方法,如购买课程、阅读文章、观看教程等,但由于缺乏正确的指导和支持,这些努力往往未能转化为实际的成果。他们将更加清晰地看到,他们真正需要的是我们的产品所带来的专业引领和支持。

(3)强化行动决心

可参考的沟通方式:

"你想什么时候开始改变呢? 这个事你是可做可不做,还是一定要做呢?"

为了将客户的渴望转化为实际的行动动力,你需要进一步加深他们的改变欲望。通过提问来激发客户的紧迫感。同时,在整个沟通过程中,要保持高度的同理心,避免直接推销产品,而是让客户成为对话的主角。通过不断重复和肯定客户的想法,让客户感受到你对其的理解和支持,从而更加坚定地迈出改变的第一步。

(4)激励客户前行

在完成前述步骤的基础上,还应适时地给予客户正面的鼓励与肯定,以增强其改变现状的动力与信心。通过鼓励,帮助客户确认并坚信自己拥有改变现状的能力,为后续行动奠定坚实的心理基础。

可参考的沟通方式：

"在和你沟通的过程中，我发现你特别有亲和力，也特别有激情，对于想要做的事情信念非常坚定。我也感受到了你的决心和魄力，你现在的痛苦是……你特别渴望…… 所以你非常需要我们的服务。"

当客户展现出明显的认可与需求时，应把握时机进行阶段性总结，巩固沟通成果，为后续步骤的推进做好铺垫。

（5）案例展示

在结论后展示自己的成功案例。在这个过程中，不能涉及具体方法。比如宣传成交课，如果说要在朋友圈多发案例，学员感觉这样十分简单，自己也发朋友圈。

他感觉自己学会了，其实并不知道核心的方法，评论区没做引导，没有详细数据，所以没效果。他只知道方向，不知道具体的操作细节，而对细节的忽视是会导致失败的。

在展示案例的时候要重视具体数据的应用。例如，可以说："我有个学员情况和你很像，他原来如何……学习之后如何成功……另外一个学员××，他之前……学习之后，他现在……我们已经帮助 500 个学员成功了，我相信你会是第 501 个。"或者"我们擅长帮助新手学会微信成交，每个月涨粉 200 个到 1300 个不等，每个月成交 3000 元到 10 万元。认真学习的学员，都能获得最少 30％的业绩增长，也有很多学员的业绩增加了 5～10 倍。"

案例展示让你的服务和产品具有强大的吸引力。以上环节能让你的成交率大幅提升。

很多人的成交有卡点，原因很多，一种原因是认为自己只要让对方掏钱就是占对方的便宜。这种想法不利于成交。当我们把成交的内核定义为利他时，所有的技巧、心法都会随之自然流动。

要点回顾

1. 客户通常最易产生购买行为的三个关键时刻分别是：当他们感受到某种需求或问题的"疼痛"时；当他们看到产品能带来的具体回报与价值时；当他们感受到购买决策的紧迫性时。

2. 在接近成交的关键阶段，过度交谈可能适得其反。一旦发现客户展现出明确的购买信号，应立即停止冗长的介绍，迅速而巧妙地引导对话进入成交环节，直接与客户就交易细节进行谈判，以促成交易的顺利完成。

3. 每一事物皆有其利弊两面，而"动力窗"策略则巧妙地运用"购买之窗"来展现购买带来的好处，同时利用"不购买之窗"来分析不购买可能带来的负面后果与坏处。

4. 从心理学角度来看，"要我干"远不如"我要干"来得有动力。在与客户的交流中，若能巧妙运用激将法，往往能激发出消费者内心深处的购物欲望，促使他们主动采取行动，积极寻求交易机会，从而实现主动成交。

5. 人们普遍倾向于更加珍视那些自己投入时间、精力所获得的事物，而对于那些轻易可得之物，则往往相对不那么珍惜。

6. 在与客户进行价格谈判时，一个重要的原则是永远不要轻易接受客户的第一次还价。

后　记

谢谢你读到这里。一定有特殊缘分的牵引，才让你我以这种形式相遇。

我上学时学习的是广告公关，毕业后又从事了将近十年的广告工作，创业的几年我也一直保持高输入与高输出的状态。在这个过程中我发现，销售工作的难点在于心态的把握以及方法技巧。大部分的销售者没有机会系统学习成交技术和方法，这导致不少销售者的状态时而平稳，时而冒进，时而迷茫，成交没有定数。而当你能够把握客户的心理，用一定的技巧站在客户的角度说话、思考，成交就是必然的结果。成交的一系列过程都在这本书里有不同程度的呈现，也有很多知识点和行动技巧因篇幅所限，无法在书中详细阐述。

为了帮助你更好地吃透这本书，我为你准备了一门与这本书搭配使用的课程，你可以关注"阿潘成交教练"公众号免费领取。在学习过程中，如果你有任何的疑问欢迎与我交流、探讨。

有一句话让我深有感触，"像礼物一样出现在别人的生命里"。幸运的是，我一直是那个收到礼物的人。我的一位好友告诉我，一本书的产生，复杂程度不亚于迎接一个新生命的到来。在这个过程中，我收到了很多人的帮助：有同班同学的鼓励、经验分享，也有秋叶平台编辑老师的答疑解惑，等等。正是因为他们的帮助，这本书才能够成功问世，来到你的手上。

如果这本书能带给你一丝启发，让你行动起来，我倍感荣幸。如果你想提升自己的成交技能,却一直没有下定决心,期待这本书能成为你行动的催化剂,加速成交进程,使成交更加高效且自然地发生,并且让你所提供的商品像礼物一样出现在消费者的生活中。

利用成交技巧把产品卖得更好,通过自己的付出让家人过上幸福的生活,也让自己越来越优秀,这是分享我所拥有的成交实用技巧的意义,也是我能为你做的最有价值的事情。